城市产业发展与经济市场
互动研究

曲东伟　胡筎　陈锡敏　主编

延边大学出版社

图书在版编目（CIP）数据

城市产业发展与经济市场互动研究 / 曲东伟，胡笛，陈锡敏主编. -- 延吉：延边大学出版社，2023.8
　　ISBN 978-7-230-05285-6

Ⅰ.①城… Ⅱ.①曲… ②胡… ③陈… Ⅲ.①城市经济－产业发展－研究－中国 Ⅳ.①F299.21

中国国家版本馆CIP数据核字(2023)第151281号

城市产业发展与经济市场互动研究

主　　编：曲东伟　胡笛　陈锡敏
责任编辑：汪　云
封面设计：文合文化
出版发行：延边大学出版社
社　　址：吉林省延吉市公园路977号　　　邮　　编：133002
网　　址：http://www.ydcbs.com　　　　　E-mail: ydcbs@ydcbs.com
电　　话：0433-2732435　　　　　　　　传　　真：0433-2732434
印　　刷：三河市嵩川印刷有限公司
开　　本：710×1000　1/16
印　　张：13.25
字　　数：200 千字
版　　次：2023 年 8 月 第 1 版
印　　次：2024 年 1 月 第 1 次印刷
书　　号：ISBN 978-7-230-05285-6

定价：65.00元

编 写 成 员

主　　编：曲东伟　胡笳　陈锡敏
副 主 编：宋倩
编　　委：刘子栋
编写单位：莱西市住房和城乡建设局
　　　　　昆仑信托有限责任公司
　　　　　北海市不动产登记中心
　　　　　平原县自然资源局
　　　　　和邢铁路有限责任公司

前　言

伴随着城市化速度的加快，城市这一社会实体成为各学科的重要研究对象，一系列以人们生活的城市为研究对象的分支学科，如城市社会学、城市生态学、城市地理学等，相继出现，城市经济学也在这样的大背景下应运而生。开展城市产业发展与经济市场互动研究的目的就是对城市发展过程中一些有迹可循的规律进行总结，对城市发展过程中的一些生产关系进行探讨。这些研究成果可以帮助我们对城市的整体发展作出一个科学的评估，从而对城市发展起到一个方向性的指导作用。改革开放进一步加快了市场化经济发展速度，我国社会主义市场经济体制得到不断完善，城市化发展水平得到提升，但城市经济在高速发展的同时还存在诸多问题。在对城市产业和经济市场进行研究时，必须对两者之间的关联性进行充分思考，只有这样才能正确掌握城市产业发展对经济市场产生的影响，才能推动城市经济的快速健康发展。

本书共分六章，主要内容包括城市与城市经济概述、城市产业经济与城市发展、城市区域与区域经济发展、城市环境与城市经济发展、城市经济与市场互动理论基础、城市经济与市场互动实践案例。

《城市产业发展与经济市场互动研究》全书字数 20 万余字。该书由"莱西市住房和城市建设局"曲东伟、"昆仑信托有限责任公司"胡笳、"北海市不动产登记中心"陈锡敏担任主编。其中第一章第三节、第二章、第五章第三节、第四节、第六章第二节、第三节由主编曲东伟负责撰写，字数 8 万余字；第三章第二节、第三节、第四节、第四章第三节、第四节、第五节由主编胡笳负责撰写，字数 6 万余字；第一章第一节、第二节、第五章第一节、第二节、第六章第一节由主编陈锡敏负责撰写，字数 5 万余字。第三章第一节、第四章第一节、第二节由副主编平原县自然资源局宋倩负责撰写，全书由和邢铁路有限责任公司刘子栋担任编委并负责统筹。

笔者在撰写本书的过程中，参考了大量的文献资料，在此对相关文献资料的作者表示感谢。此外，由于编写时间仓促，加之笔者水平有限，书中难免有一些不足之处，希望广大读者给予批评指正，笔者对此不胜感激。

笔者
2023 年 7 月

目 录

第一章 城市与城市经济概述 ... 1

第一节 城市的内涵与主要功能 ... 1

第二节 城市的形成与发展 ... 6

第三节 城市经济学的理论问题 ... 11

第二章 城市产业经济与城市发展 ... 30

第一节 城市产业分类 ... 30

第二节 城市发展与产业经济的关系 ... 33

第三节 城市发展中产业经济的作用 ... 35

第四节 以产业经济促进城市发展 ... 38

第五节 产业经济发展与城市规划之间的相互影响 ... 41

第三章 城市区域与区域经济发展 ... 49

第一节 城市区域概述 ... 49

第二节 城市区域的形成与发展 ... 54

第三节 我国区域经济协调发展 ... 67

第四节 城市群建设的必然性及其对区域经济协同发展的影响 ... 72

第四章 城市环境与城市经济发展 ... 79

第一节 环境概述 ... 79

第二节 城市环境的特征与生态环境危机 ... 81

第三节 城市环境的经济分析 84
第四节 数字经济对城市环境技术进步偏向的影响 93
第五节 城市环境治理水平与经济发展水平的协调性 112

第五章 城市经济与市场互动理论基础 120

第一节 房地产市场与城市经济协调发展 120
第二节 城市治理现代化演进中的市场机制 136
第三节 市场分割与中心-外围城市经济发展差距 145
第四节 数据要素市场建设与城市数字经济发展 157

第六章 城市经济与市场互动实践案例 173

第一节 房地产业与城市经济发展之间的关系——
　　　　以珠海经济特区为例 173
第二节 城市经济活力与房地产业之间的耦合协调关系——
　　　　以深圳市为例 176
第三节 房地产市场发展与区域经济增长——
　　　　以呼包鄂城市群为例 187

参考文献 200

第一章　城市与城市经济概述

第一节　城市的内涵与主要功能

一、城市的内涵

美国城市学理论家刘易斯·芒福德（Lewis Mumford）指出："人类用了500多年的时间，才对城市的本质和演变过程获得了一个局部的认识，也许要用更长的时间才能完全弄清它那些尚未被认识的潜在特性。"

迄今为止，人类对城市的认识还有待进一步深化，给城市下一个精准确切的定义仍然是一件比较困难的事情。

城市既属于历史的范畴和空间的范畴，又属于一个涉及政治、经济、文化等社会方方面面的综合范畴，因而对城市的研究就涉及多个学科，各个学科也对城市形成了各种各样的定义。

但要对城市作出较为科学的界定，就必须突破已有的各种学科对城市定义的框架限制，抽象出城市所具有的最为一般的特征。对城市的界定应该把握住城市的本质特点，具体说来有三个方面：

第一，集聚性。马克思指出："城市本身表明了人口、生产工具、资本、享乐和需求的集中；而在乡村里所看到的却是完全相反的情况：孤立和分散。"城市是人口、资本、消费、文化等的集聚之地，集聚是城市的本质特点之一。

第二，中心性。列宁认为："城市是经济、政治和人民精神生活的中心，是前进的主要动力。"我国学者进一步提出:"城市是人类文明的产物,是国家或地区的政治、经济、文化、教育、交通、金融、信息中心,是人类社会前进的动力。"可以说,城市是某一或大或小区域范围内政治、经济、文化等方面综合的中心或某一方面的中心,中心性是城市的又一本质特点。

第三,有别于乡村的高级聚居群落性。聚居群落属于地理空间概念,聚居群落可划分为农村型聚居群落和城市型聚居群落两大类。

城市型聚居群落是有别于乡村的高级聚落,这是城市的又一本质特点。

基于以上三个方面的城市本质特点,要理解城市的基本含义,就应把握以下基本要素:

第一,城市是相对于农村的一个经济与社会学概念,是一个在空间结构上明显区别于农村的社区系统。

第二,城市是以非农业人口集中居住为主的空间区域。正因为非农业人口多,所以城市与农村不同;而且城市中人们是集中居住在一起,以从事非农产业为主,即以从事工业、商业、服务业及其他社会事业为主,这是城市产业属性明显不同于农村区域的标志。

第三,城市是一定时期内各个国家或地区各种先进生产力要素密集度高的区域,即在城市中相对集中了文化程度较高的劳动者、管理者及其他较先进的生产力要素。

第四,城市是一定区域内的政治、军事、文化活动中心,即大量的政治活动、军事文化教育活动都集中在城市发生。特别是各种类型的商贸活动集中在城市,给城市带来了繁荣与活力,也使城市具有了吸引各种生活要素的能力和对四周进行经济辐射的能量。

第五,城市是一定时期内各种社会供给与各种需求(包括商品市场及生产要素市场)集中的场所,是市场集中的交易枢纽与商业活动中心,是市场体系的基础性载体,这一点对于现代城市尤为重要。

根据以上对城市的本质特点和基本要素的认识,我们可将城市定义为:城市是一定区域范围内政治、经济、文化、人口、基础设施等的聚集之地和中心所在，是伴随着人类社会的不断演进而产生的一种有别于乡村而又领先于乡村的高级聚居群落。

二、城市的主要功能

（一）城市生态功能

城市生态功能，是指城市在一个国家或地区所承担的满足人类（包括当代和后代）自身生存和发展需要而在资源利用、环境保护等方面所承担的任务和所起的作用，以及由于这种作用的发挥而产生的效能。它是城市生态系统在满足城市居民的生产、生活、游憩、交通等活动中所发挥的作用，具体表现为城市的生产功能、生活功能和还原功能。它通过物质循环、能量流动和信息传递，以"生态流"的方式，将城市的生产与生活、资源与环境、时间与空间、结构与功能，以及与外部环境的关系以人为中心联系起来。城市生态功能一方面要实现资源的可持续利用，另一方面要保护环境的可持续发展，两者不可有所偏废。城市生态功能的发挥，是要改变目前的城市生产模式和生活模式，尽量减少自然资源的耗用，减少人均生态基区，减少输入城市的物质与能量，同时提高资源的使用效率，尽量用最少的资源实现最大的产出，减少有害物质（废水、废气、固体废弃物）的产出。衡量城市生态功能的标准就是城市的资源使用效率、废弃物的处理效率以及城市环境质量状况等，这些可以通过一系列指标来反映。

（二）城市社会功能

城市社会功能，是指一个城市在一个国家或地区中所承担的满足人类（包括当代和后代）自身生存和发展需要而在社会关系和社会进步等方面所承担的任务和所起的作用，以及由于这种作用的发挥而产生的效能。城市社会功能包含的内容是多方面的，如改善贫困状态、提供医疗设施、提供教育和就业机会、提高工资、追求社会公平等。总之，城市社会功能希望改善人们的生活质量，在追求物质文明的同时，极大地提高精神文明，提升社会和人的整体素质。因为一个没有公平原则、没有高素质公民的社会是谈不上可持续发展的。

（三）城市经济功能

城市经济功能，是指一个城市在一个国家或地区中所承担的满足人类（包括当代和后代）自身生存和发展需要而在经济发展等方面所承担的任务和所起的作用，以及由于这种作用的发挥而产生的效能。城市经济功能是城市功能的重要组成部分，是城市其他一切功能的前提和基础。城市经济功能的大小和主导性优势，不仅反映出一个城市在一定区域范围内的地位和作用，而且反映出该城市的经济性质。社会经济是在不断发展变化的，城市功能也在不断发展变化，主导城市经济功能的因素也在不断地发展变化。城市经济功能包括主要经济功能和辅助经济功能。主要经济功能的作用是服务本城市以外的地区；辅助经济功能的作用是保证城市的正常运行，为城市的生产和生活提供基本保障。辅助经济功能是主要经济功能的基础和保证，主要经济功能反映了城市的个性和特征，是城市发展的动力源，在一定程度上决定着辅助经济功能。从本质上讲，城市经济功能可以概括为聚集和扩散两大功能，这是对城市和城市以外地区所有经济往来、交易关联的高度概括。但城市经济功能又不仅仅包括集聚和扩散两个方面，它要求人们不仅重视经济增长的数量，更追求经济发展的质量。它要求人们改变以往的经济观念、生产模式和消费模式，强调节能和绿色生产，提倡崇俭消费，尽量使经济发展处于生态的可承受范围之内，达到经济效益与生态效益、经济效益与社会效益的统一。

（四）城市服务功能

城市服务功能，是指城市在一个国家或地区所承担的满足人类（包括当代和后代）自身生存和发展需要而在生产与生活型服务提供方面所承担的任务和所起的作用，以及由于这种作用的发挥而产生的效能。在 21 世纪的信息社会，城市在经济、文化、科技、教育、交通运输、医疗与保健等方面的中心地位，不再仅仅取决于自己在这些方面的雄厚实力，而是要看能否凭借自己雄厚的实力，特别是在信息资源方面的优势，实现对上述领域各类活动流程的有效调控和组织；也正是城市的调控和组织能力，使得城市能够有效调动城市所聚集的各类要素为城市居民提供消费性服务，为城市企业提供生产性服务。在当代社会中，信息服务、金融服务成为城市服务的重要内容，其中信息通信被认为是信息社会影响城市经济活动集聚的首要因素。现代科技和市场经济的发展，使城市的信息量急剧膨胀，人们的活动对各类信息的要求和依赖日益增多，信息产业化已开始成为现实，城市作为信息中心的功能也逐渐凸显出来。城市信息中心化的直接原因就是城市的信息实现了网络化，使信息资源积聚于小小的方寸之地。21 世纪的城市群空间关系中，传统城镇体系的等级观念正在被网络取代，城市特别是中心城市在群体空间中的等级与作用不仅取决于其规模和经济功能，也取决于其作为复合网络连接点的作用。无论是企业还是个人，都对金融服务存在着广泛的需求，而现代金融资源大量集中在城市，这决定了现代城市必须在金融服务的提供上发挥主要作用。

（五）城市创新功能

城市创新功能，是指城市在一个国家或地区所承担的满足人类（包括当代和后代）自身生存和发展需要而在技术研发与创新、新产品与新服务的生产、文化与管理创新等方面所承担的任务和所起的作用，以及由这种作用的发挥而产生的效能。在历史上，城市一直是创新的来源、创意的诞生地，也是人类创造力的旺盛发展之所在。历史上城市的创新主要有文化智能型、技术生产型、技术组织型三种。工业革命以来，第二种、第三种类型的创新与日俱增，尤其是在中心城市，第三种类型的创新越发重要。在 20 世纪，第一种及第二种的创新已经有混合的趋势；在 21 世纪，三种城市创新类型混合发展的情形已经出现，而其中信息技术与调控组织相结合的城市创新扮演着最关键的角色。现代城市是各类科研机构和各类人才的会聚之地，是研究与开发新技术、试制新产品的主要基地。有些城市规模不大但是能量极大，不仅是国家的科技中心，甚至是世界的科技中心。城市的这种科技中心作用是推动市场经济发展的主要力量。

第二节 城市的形成与发展

一、城市的形成

城市从根本上讲是社会不断分工的产物。城市整个发展过程是人类不断进步的体现，不同历史时期的城市象征着人类文明发展的不同阶段，从某种意义上说，城市是人类文明进步的物质载体。在工业革命之前，城市发展相对缓慢，这主要受制于社会生产力的发展程度。当近代工业兴起后，社会生产力得到了质的飞跃，为城市发展注入了强劲动力，城市发展逐渐形成一种客观推动力——城市化，它不仅使城市以一种全新的形式发展，而且对社会经济的发展起到了引擎作用。随着时间的推移，城市化与社会经济交织在一起，共同推进整个社会的进步。工业革命后，城市以其高生产率和集聚效应成为经济增长的重要物质空间和社会空间，不断吸引着周围人口，进入城市生活成为整个社会发展的需求。到 21 世纪，世界已经有半数以上人口进入城市生活，这种趋势随着城市化进程的深化还在不断加强，但城市化不断发展、演化的同时也带来了诸多城市问题，并且这些问题已经成为社会和经济发展中的核心问题，引起社会各界的高度关注。我们要力求在遵循城市化发展规律的前提下，解决城市发展和经济增长的问题，推动城市现代化发展，满足社会需求，使之成为人类文明和财富集聚的空间区域。

从城市历史分析，城市出现源于地理环境及生产力发展引起的产品剩余和社会分工。刀耕火种不仅满足生存需要，而且形成产品剩余以及农业与畜牧业的分离，产品剩余进一步推动农业发展，社会分工也推动生产关系发生根本性变革，这种新型生产方式和生活方式诱导了原始居民群居部落的形成，多数人生活在有组织的群居区——"城"的雏形出现。群居具有生产高效的优势，推动着生产力发展，优化着生产工具和劳动技术，多功能生产工具出现，手工业逐渐从农业中分离。二者的分离使得物物交换成为一种必然趋势，商品、货币及商人等都随之产生，商业逐渐从手工业和农业中分离，成为一种新行业，社会阶层进一步分化。例如，早期意大利的佛罗伦萨、威尼斯等地成为当时商品交换集聚地——"市"雏形产生。随着社会分工细化和产品剩余增多，人们生存、生活的物质空间持续向外扩展，人口也相对增加，交易范围不断扩大，逐渐在个人与个人之间进行。由此，土地、生产工具以及生活必需品等生产资料成为私有品。部落之间、个人之间对物品的争夺时有发生，战争使得掌权者开始为了保护自身及本部落居民的利益而修建城池，以此为防御屏障或是对外扩张的基地，最早的城市开始形成。

城市产生于生产力推动生产关系最早转变为私有化的文明地方，是社会发展的历史产物，与国家、阶级、民族、文明等同步进行。城市产生初期不是一个系统性整体，"城"与"市"并非同时产生，而是有时间差异的，"城"的产生早于"市"，并且二者从功能上看也不尽相同。"城"最初的功能主要是防御，是在特定区域范围内建立起为达到统治目的和保护群体利益的墙垣，是一种军事设施。而"市"是一种交易场所，是为满足生活需要进行物物交换而自发形成的区域。"城"与"市"没有必然联系，但随着社会发展和生产力水平的提高，商品交换日益频繁，"市"更加活跃，需要相对安全、方便、集聚的场所，而"城"的范围不断扩展，"城"的发展逐渐能够满足"市"的发展需求，二者融合成"城市"，城市成为"城"与"市"结合的整体。"城"与"市"的融合反映了城市功能不断演化的过程。

二、城市的发展

城市自产生后便以强大的吸引力推动着社会经济的发展，成为国家或地区经济发展的主要载体和战略核心区。当下，城市地位更加重要，成为世界各国经济发展重心区和走向现代化的先行区。城市的发展可以分为四个阶段，主要包括古代城市、近代城市、现代城市和未来城市。

（一）古代城市

群居时期的城市处于狭小规模状态，构造粗糙简陋，功能主要是防御，呈零星分布，社会组织关系十分简单，交易也处于随机状态，"市"的作用无法完全体现。随着社会关系的进步，私有制关系占主导，在此时期城市的社会功能得到强化，但是经济功能仍然无法体现，城市成为军事、宗教、艺术、娱乐以及手工业的中心，城市规模有了较大扩张。由于生产工具和技术比较落后，城市的劳动仍然是农业，以自然经济为主，城市规模扩展更多是土地范围的扩大。随着人类改造自然技术的发展，人类的活动范围日益广泛，商品贸易不断扩大，从城内部扩展到城与城之间并蔓延到国家或地区之间，交通运输工具得到质的飞跃。在自然资源和地理环境优势区形成封建性商业城，城市进入了新的历史发展阶段，尤其是海岸城市得到迅速发展。此时，城市发展主要集中于船舶交通发达区，逐渐成为国家或地区对外贸易的集散地，城市经济功能不断增强。城市的主要产业是手工业，手工业者彻底脱离了农业。城市规模扩展主要是手工业场所的扩张，取决于城市经济的发展水平和对外贸易实力，但是城市的基本生活资料主要还是依靠周围农村产品。

（二）近代城市

工业革命拉开了世界城市高速发展的序幕，工业化在城市中迅速蔓延，城市发生根本性变革——近代城市开始崛起，主要表现在：城市规模急速扩张，城市功能更加多元化，城市经济在整个国民经济中占据主导地位，城市工业快速集聚，城市人口成倍增加。近代城市逐渐成为经济发展中心，以机械工业生产为主导，具有效率优势，使得工业原料、资金、信息、管理和技术等要素迅速集聚，工业生产发挥集聚效应，推动着城市内的市场发展和交通、建筑的重构，城市铁路网和金融、商业机构取代了马路和教堂。此时，城市不仅是工业中心，还是商贸中心，以强劲的经济实力向周围发挥着辐射作用；城市规模迅猛扩张并侵吞了农民土地，农民成为无产阶级，被迫进入城市工厂打工，城市人口也随之增加。一方面，城市扩张促进了城市基础设施建设，使得城市供水、供电和交通等不断普及，生活便利性和先进性逐渐体现，对周围农村居民具有强大的吸引力。另一方面，城市问题也日益显现，人口集聚、工厂数量激增、市政建设和公共服务需求急剧增加，使得城市垃圾成堆、住房紧张、交通堵塞、生活成本增加等问题越发严重。

（三）现代城市

第二次世界大战后，城市进入了全新、高速发展阶段。城市人口激增，产业集聚加强，产业群形成，经济体量迅速增大，"城"的建设和"市"的建设不断完善，城市规模不断扩张，以强劲辐射能力在城市周围形成经济开发区，逐渐形成新城市区域，一系列特大城市、大都市区、城市带、城市连绵区、巨型城市区域如雨后春笋般在世界各地出现，如墨西哥城、纽约、伦敦、东京、上海等。此时，城市趋向多元化发展并成为国家或地区的经济中心，大城市成为参与全球竞争、合作与国际分工的新地域单元。城市规模扩张及经济发展加强了城市之间的经济联系，形成互补性发展，加快了人口向城市聚集的步伐。现代化工业、运输业和新兴服务业开始崛起，城市拥有雄厚的科技力量和广袤的贸易市场，银行、证券、金融、IT（信息技术）等行业异常活跃，城市竞争力不断提高。城市发展形态迈向更高级阶段，空间组合不断演化，并且更加注重城市发展质量与效益。城市发展形态由单体城市逐渐发展成多中心城市，在国家或地区形成不同的城市群、大都市圈、巨型城市带等，城市不再是固定的行政区，跨越了行政区划界限，经济联系更加紧密。城乡逐渐融合发展，城市不仅需要大量生产要素，而且需要产业和产品的转移承载区，农村在物质和文化方面都受城市发展影响，农业逐渐打破传统模式，发展适应城市需要的各种现代产业，走向现代化农业。随着农村生产方式、生活方式、价值观、通信技术以及公共服务的发展，城市与乡村的差别逐渐缩小，城乡逐渐融合发展。

（四）未来城市

未来将是信息经济与知识经济时代，城市也将进入智能化发展阶段。20世纪80年代，英国科学家詹姆斯·马丁（James Martin）就曾在《电讯化社会》一书中预言，未来社会将进入"信息社会"，美国率先将这种预言转换为现实，在1993年提出构建"信息高速公路"。在信息技术浪潮推动下，城市空间布局、城市市政管理与建设、城市经济运行都将进入现代化和智能化时期。市政管理部门成为整个城市运行的大脑中枢，灵敏、高速的信息网络构成城市的神经系统，高质、高效的经济系统构成城市血脉，错综复杂的交通网络和完善的基础设施构成城市筋骨，和谐、友爱的生活社区构成城市肉体，整个城市面貌焕然一新。

未来城市主要有以下几个特征：

第一，智能型、开放型、知识型城市。整个城市运行呈现出高度的信息化和智能化。同时，城市完全打破行政区划界限，逐渐形成新的城市区域，以全方位开放的模式参与国内和国际竞争与合作，城市与外界的经济联系更加紧密，资源、信息、技术、劳动力等生产要素在宏观和微观区域间自由流动，不断提高经济运行效率。经济流加速促使城市更加多元化，城乡形成一体化发展，区域与城市形成有机整体，城市不仅成为国内经济发展不同层次的流通枢纽，而且成为世界经济运行网络中的节点。城市经济不再是物质要素集聚，而是逐渐转变成更有活力和创造力的人力资本，充分显现出吸引、培养的优势与潜能，物质规模经济转向知识规模经济。

第二，生态型、集约型、人本型城市。随着整个城市的高质、高效运行，城市环境和社会环境都得到极大改善，人与自然的关系由对立关系转向和谐相处的新协调关系，这种协调不仅表现在美学上，而且表现在自然上。城市既有有序、合理、美观的新建筑，又有历史悠久的古建筑，城市承载着历史传承与地域文化。城市环境更加清洁、舒适、安全，城市污染得到改善，蓝天、白云、青山、绿水共存，更加宜居。同时，城市发展更加集约，形成环境友好型和资源节约型城市。城市依据区位、建筑形态、空间布局等成为独具特色、可识别的现代化、智能化的城市，全面提高居民生活质量。

第三，管理高效、运行民主、功能齐全的城市。城市运行与管理将实现信息化、标准化与智能化，城市决策更加科学，城市管理者与专家进行城市规划时不再闭门造车，而是通过网络与市民直接沟通。信息化和知识化产业会促进城市产业结构更加合理优化，城市逐渐转变成创新中心及信息生产、服务、交换、管理、流通中心。城市分工更加明确，不同城市都将作为整个系统中的子系统承担不同的政治、经济、文化和社会功能，经济运行效率倍增。

第三节　城市经济学的理论问题

城市经济学是空间经济学很重要的分支学科之一。城市经济学主要关注城市形成、城市空间结构和城市社会结构问题。在城市这一有限空间范围内，聚集了大量的人口和经济活动，这些人口和经济活动都要占据一定的空间，而城市土地面积又是有限的，因此人口和经济活动之间以及不同经济活动之间为土地问题展开竞争，谁为某单位面积土地支付更多的租金，谁就有权使用该区位处的土地。这意味着，有关厂商区位、居住区位选择与土地租金关系的研究将成为城市经济学的研究主线。城市土地的合理利用是城市经济有效运行的关键，城市经济学是关乎土地利用的空间经济学。城市经济学通过市场规模效应和知识溢出效应显现出技术外部性，而技术外部性是由企业间相互邻近而导致的外部性，因而不同于货币外部性，技术外部性难以量化和模型化。这种技术外部性主要源于相互接近而导致的共享、匹配和学习效应。

城市是空间不平衡的极端表现形式。如果说区域经济学关注的是内部规模收益递增与区际商品运输之间的均衡问题，那么城市经济学关注的就是外部规模收益递增与劳动力通勤之间的均衡问题。

一、主要的聚集力——聚集经济

本部分主要讨论促使人口和经济活动大量向城市聚集的主要作用力，这里称它为"聚集力"。城市是聚集经济最重要的载体，维持其现有规模需要支付大量的成本，它还带来交通拥堵和环境污染等一系列问题。尽管如此，许多人仍然选择城市作为其就业和居住的地方。这样，在有限的空间范围内人口大量聚集，同时还承载着各种类型的基础设施，所有这些构成了城市外在的主要特征。

（一）人际联系

一般认为，城市存在的主要原因是方便人们之间的联系。城市居民之间以及与不同经济部门之间展开激烈的土地竞争，是居住成本在居民总支出中的占比迅速上升的原因。居民和厂商都在寻求空间上的相互接近，因为这种相互接近会降低各种交易成本，其结果必然是收益水平的提升，也就是实现了聚集经济效应。尤其重要的是，空间上的这种相互接近促使形成一种新旧思想或理念相互交织的环境，这种环境为形成熊彼特式的创新创造了条件。人们与其他人保持联系的需求，促使他们聚集在城市这样相对紧凑的空间范围内，这样可以消耗相对少的土地。其实，空间经济学的基本权衡提出，现实中的人口分布是人际的相互作用实现相对均衡的结果，这就是城市存在的原因。而人际的相互作用是通过那些提高厂商和消费者收益水平的外部作用力实现的，我们称它为"聚集力"。而那些人口聚集规模引发的各种空间摩擦和拥挤效应，我们称它为"分散力"。聚集力和分散力之间的均衡，决定了人口的聚集规模，也就是城市规模。

（二）聚集经济

在住房价格和租金都很高、交通拥堵和环境污染都很严重的情况下，消费者仍有意愿选择大城市为居住和就业区位，这是因为在大城市工作的收入水平高于小城镇或农村地区。大城市聚集了大量的经济活动，这种集聚优势势必会提高大城市的劳动生产率，因此大城市支付给员工的工资水平高于小城镇。如果企业选择土地和劳动力成本都很低廉的小城镇，就意味着无法获取高额的经济收益。大城市的这种经济优势就称为聚集经济。聚集经济通常包括货币外部性和技术外部性，还可能是产业内外部经济（也称地方化经济或马歇尔-阿罗-罗默外部性经济）或者产业间外部经济（也称城市化经济或雅各布斯外部性经济）。尽管长期以来的研究使人们对聚集经济所内含的经济机制有了较好的了解，然而至今仍存在许多没有解决的问题。聚集经济可以分为厂商聚集经济、人力资本聚集经济和消费者聚集经济。

1.厂商聚集经济

通常与人口密度有关的聚集经济机制可以分成共享、匹配和学习三种类型，它们都可以形成收益递增的生产函数。

共享意味着共同利用能够提高劳动生产率的公共产品。公共产品不仅包括当地的信息、通信技术或者交通基础设施等，还包括拥有大量专业技能劳动力的当地劳动力市场以及只有大城市才可以提供的有利于提高劳动生产率的各种服务。

匹配意味着把各种不同的就业机会，也就是从事不同经济活动的机遇，根据部门间劳动力需求以及劳动力本身的技能状况，分配给不同的部门和具有不同技能的劳动力，或分配给那些为生产商提供各种服务的供应商和消费者。就这种劳动力与经济部门之间的相互匹配而言，相对于规模较小的劳动力市场，那些大量聚集不同类型劳动力和就业机会的较大规模的市场显得更加重要。在大城市中，大量的厂商和劳动力位于同一城市的空间范围里，劳动力在不改变原有居住区位的情况下就可以改变就业部门，这使得劳动力更换就业岗位较容易。厂商的聚集导致厂商间竞争激烈，削弱了厂商的垄断力量，同样技能的劳动力在大城市可以获得更高的工资。相对于小城市来说，大城市中的劳动力更加注重提升核心业务能力，这有利于进一步提升劳动力整体的技能水平。

人们通过相互接近而进行的学习过程就是知识和技术的溢出过程。不同生产部门具有不同的信息，人们在各生产部门收集各种信息就形成了知识和技术的溢出，因此接近研发中心、高新技术企业和高技能劳动力可以给所有人带来递增的收益。这意味着，如果人们需要知识和技术的获取、创新，他们必然需要与邻近效应发生联系。在相对聚集的人们之间进行的各种交流、接触，有助于新思想的传播、协调和信任水平的提升，显然此时发挥作用的是邻近效应。如果研发人员聚集在一起，就有可能会产生巨大的创造力；在某地区新布局大型企业，可能会提高该地区其他厂商的劳动生产率。

2.人力资本聚集经济

在高度信息化的时代，知识和信息的价值远高于一般经济活动。而城市是信息被大量生产和消费的地方。在技术发展变化迅速以及市场竞争激烈的环境中运行时，企业对信息的需求和消费是相当惊人的。专注于发展高新技术产业的城市吸引了大量的高技能劳动力聚集，这些高技能劳动力又可以帮助城市取得更好的发展，形成一种城市发展的良性循环累积过程。从这种意义上说，区际不平衡所反映的是在技能和人力资本方面的区际差距。对处于衰退中的城市而言，由于劳动力的选择性迁移，当地主要的经济部门是技术含量较低的传统产业部门，这必然导致这些城市中劳动力的工资水平以及消费水平较低，这反过来又促使流动性较强的劳动力进一步向外转移。这意味着，人力资本的空间聚集将产生很大的聚集效应，它将极大地促进经济发展和技术创新，同时也会带来持久的区际差距。

厂商和劳动力进入具有外部规模经济特征的经济活动后，就不会轻易离开该城市。厂商和劳动力聚集的累积性特征又使得具有这种经济活动模式的城市具有强大的对抗外来冲击的韧性，各种基础设施投资又进一步强化城市的这种韧性。因此，如果城市为厂商更灵活地选择生产区位提供各种有利条件，那么聚集经济将促使形成既有灵活性又有黏性和较强韧性的经济活动空间模式。

3. 消费者聚集经济

生活在大城市的消费者（劳动力）也像厂商一样，在分享、匹配和学习过程中获益，他们享用城市中的各种商品和服务、良好的交通和通信、广范围的人际交往。城市的高密度人口聚集，使得消费者可以以较低的价格获得各种商品，也有利于获得聚集经济下才能提供的公共产品。大量的差异化商品为不同收入水平、不同偏好的消费者提供了很大的选择空间。

如果竞争足够激烈，那么厂商可以为市场提供更多质优价低的产品。在其他条件都相同的情况下，拥有巨大消费规模群体的大城市，其总体物价水平将低于小城市的物价水平，也就是说它符合市场规模较大区域的总体价格水平低于市场规模较小区域价格水平的新经济地理学理论。有些学者发现，当城市规模扩大一倍时，商品种类数量会增加20%，且大城市的杂货价格一般低于小城市的杂货价格。但服务业的情况可能有所不同，因为大城市的消费服务行业可以提供更多类型的服务，在大城市中从事服务业的劳动力收入水平相对于中小城市的劳动力要高。但这些劳动力还得支付在大城市的高额居住成本和通勤成本。因此，当整个经济系统处于均衡状态时，大城市和中小城市的效用水平理论上是相同的。

在城市里的生活成本随城市规模的扩大而变大，在这种情况下，如果征收所得税以名义收入为基础，那么可能存在劳动力在不同城市之间错配的可能，也就是劳动力从高效率、高收入城市迁移到低效率、低收入城市，这样可能会带来巨大的福利损失。例如，美国劳动力从美国北部人口稠密地区向南部人口稀疏地区错配转移，就导致了美国2008年约280亿美元的损失。

尽管城市经济最大的特征之一是聚集经济，但在大多数情况下消费型城市和生产型城市是有很大区别的，城市化并不是任何时候都与工业化和贸易活动联系在一起的，那些严重依赖自然资源的城市通常是消费型城市，这些城市不生产可贸易的制造业产品，而是主要生产不可贸易的服务业产品，从而出现荷兰病的先兆。

二、主要的分散力——通勤成本和居住成本

居住在城市要支付的通勤成本和居住成本是城市主要的分散力。城市规模扩大的同时也伴随着各种负面效应，如住房价格上升、通勤距离增加、交通堵塞等，这些负面效应带来了城市成本的增加。城市就是聚集经济与城市成本实现均衡时的空间状态。

（一）城市结构与土地成本

1.单中心城市模型

以杜能模型为基础建立起来的城市经济学模型基本以单中心城市模型为主。在单中心城市模型中，唯一的、外生的中心商务区（以下简称"中心区"）提供了所有的就业机会。在该模型中，每个区位的唯一空间特征就是它与中心区之间的距离。消费者在居住地和工作地之间通勤，土地市场是完全竞争市场。因此，单中心城市模型主要研究消费者在选择居住区位与接近中心区之间形成的一种均衡关系。

当消费者偏好短距离通勤时，他们为得到尽可能靠近中心区的土地展开竞争，某区位上的土地由愿意支付最高租金的消费者所占用。当消费者偏好较大面积的居住空间时，他们有可能选择远离中心区的居住区位。如果某消费者选择了接近中心区的区位，那么其他消费者只能选择更远一些的居住区位，也就是增加了其他消费者的通勤成本。这样，当城市土地市场处于均衡状态时，市场把不同区位上的土地依次分配给那些愿意支付最高租金的消费者，从而所有消费者的效用水平都相等。消费者的收入水平和偏好一定时，消费者的行为可以用地租竞标函数来表示，该函数是指消费者对离中心区任意距离处单位土地的意愿支付。由于消费者的数量很大（可以看成连续分布的），且最终胜出者支付在当前区位上的最高价格，因此土地租金曲线是消费者地租竞标函数的上包络线。

假设中心区没有空间维度，而且位于零距离处，该距离处的土地成本为常数，空间中的每个区位都拥有一单位土地；消费者的收入水平相等且偏好都相同，消费者都消费数量为 z、价格为 1 的复合商品（假设复合商品的价格由外在的市场因素所决定）和面积为 h 的土地；$R(x)$ 为区位 x 处的地租，$T(x)$ 为居住在区位 x 处时的通勤成本。消费者的间接效用 V 可以表示为扣除土地租金和通勤成本后的净收入的函数。消费者是同质的消费者，在实现均衡时，不同区位上的效用水平都相等。因此，间接效用 V 对距离 x 的导数必等于零。利用罗伊恒等式，可以得出 $h(x)(dR/dx)+(dT/dx)=0$，称它为阿朗素-穆特的空间均衡条件。

通勤成本对距离的导数 $dT/dx>0$，因此土地租金随离中心区距离的增加而递减才能满足阿朗素-穆特的空间均衡条件。也就是说，边际递减的居住成本可以弥补边际递增的通勤成本，这意味着消费者是以便宜的土地来换远距离的居住区位。长距离通勤导致消费者的净收入降低，但消费者的土地消费规模随通勤距离的扩大而扩大，也就是消费者的土地消费数量随离中心区距离的增加而增加，而人口密度随离中心区距离的增加而逐渐减少。这就说明，较低的通勤成本将增加城市的分散化趋势。

2.单中心模型的启示与缺陷

当大量的消费者聚集在中心区位时,土地消费成本将成为促使经济活动向外分散的分散力。假设维持现有城市规模所需的成本是由消费者群体 N 来承担的,城市成本是通勤成本、复合产品成本以及土地机会成本的总和,是消费者享用一定效用水平所需的成本。城市成本对消费者数量以及效用水平是严格递增的,即如果效用水平要保持不变,那么消费者所承担的城市平均成本随着消费者数量的增加而增加。也就是说,居住成本和通勤成本对人口规模而言是不经济的,即城市人口规模越大,消费者要支付的土地成本和通勤成本就越大。同时,地租水平不仅反映了与中心区的接近程度,而且可以反映土地的稀缺程度。土地稀缺程度与国土开发规划、土地开发限制等国家控制土地开发政策密切相关。城市规模的边际成本大于零,因此如果实施严格控制城市土地开发的政策,那么土地和房屋所有者将是实施这种政策的受益者,年轻人和新迁入者将是实施这种政策的受害者。因此,实施严格控制城市土地开发的政策,将促使城市劳动力向外分散,或者至少阻止域外劳动力大量向城市流入。

单中心城市模型还存在一些缺陷。首先,它无法预测城市社会结构的空间格局。在现实中,不同消费者的收入水平是不相同的。根据阿朗素-穆特的空间均衡条件,当处于均衡状态时,不同消费者的效应水平都是相同的,这意味着随着离中心区距离的增加,不同收入水平的家庭以收入递增顺序排序,低收入的家庭靠近中心区,高收入的家庭远离中心区。如果两个家庭的收入水平差距很大,那么他们居住地之间距离也就很大,大城市收入水平空间分布格局显现为 U 形。但实际上,人们的居住偏好是不相同的,高收入群体不仅被远距离的大面积住房所吸引,同时也被住房密集的城市中心区位所吸引,在这种情况下,城市空间中的收入水平分布格局似乎是 W 形而不是 U 形。同时,收入水平越高,时间的机会成本就越大,这就意味着那些与收入水平无关的通勤成本也直接影响消费者的住房选择过程。因此,要解决社会结构空间格局问题,必须解决多维匹配问题,而这种多维匹配问题至今仍然无法解决。其次,该模型无法解释经济活动的地理集中问题,也就是不能解释中心区的存在问题。事实上，如果城市中有两个就业中心时的城市成本比只有一个就业中心时的城市成本要低，这就意味着多中心城市的效用水平要高于单中心城市的效用水平。但在现实中，城市通常只有一个中心区，并没有出现更多的中心区。单中心城市模型无法解释这种现象。

3.中心商务区的形成

除藤田昌久等人的研究以外，有关城市中心区形成问题的研究很少。在藤田昌久等人的模型中，商品、劳动力和土地市场是完全竞争市场，溢出效应也受到距离衰减律的影响，产业聚集增加了劳动力的平均通勤距离，提高了劳动力的平均通勤成本，厂商就需要向劳动力支付较高的工资以作补偿，因此分散力来自土地市场和劳动力市场之间的相互作用。聚集力和分散力的均衡决定了厂商和劳动力的空间分布。与单中心城市模型不同的是，在该模型中，厂商相互接近就存在溢出效应，因此厂商之间的相互作用使得既定区位处厂商的相对优势取决于其他厂商的区位。同时，厂商聚集提升了城市中心的土地租金。厂商利用一定数量的劳动力和土地生产同质商品，每个劳动力都消耗一单位土地和一单位最终消费品。在这种假设下，他们证明均衡时的城市结构是单一中心模式还是分散化的模式，主要取决于通勤费率 t 和溢出效应距离衰减参数 τ。如果通勤费用相对于距离衰减参数要高，也就是城市中的人们都利用步行方式通勤（每个人都居住在他们工作区位的附近），那么均衡时商务活动和居住活动完全混合在一起，此时土地利用是非专业化的。随着通勤成本的下降，在厂商和劳动力混合分布的区位中形成一个以上的就业中心，而且这些就业中心被居住区所包围。最终，当通勤成本足够低时，城市里只有一个就业中心，此时城市结构为单一中心模式。这样，如果溢出效应遵循线性的距离衰减率以及通勤成本为距离的线性函数，且存在一个常数 K，那么：①如果满足 $\tau K<t$，那么城市结构为就业和居住活动完全混合的结构；②如果满足 $\tau K/2\leqslant t\leqslant \tau K$，那么城市结构为就业和居住不完全混合的结构；③如果满足 $t<\tau K/2$，那么此时的城市结构为单一中心结构。如果根据溢出效应的距离衰减参数重写这些不等式，那么当 $\tau>2t/K$ 时，也就是溢出效应局限于当地的时候，就会出现单中心城市。

（二）城市规模与拥挤成本

如果不考虑犯罪，那么城市最重要的负外部性就是交通拥堵。有效解决人口密集产生的负外部性和充分利用聚集经济间的矛盾，将是城市经济学和交通运输经济学面临的主要挑战。城市经济学主要关注聚集经济与通勤距离之间的均衡。在这种均衡的基础上，城市规模和城市结构主要取决于城市的交通运输状况。为了评估各种政策可能产生的影响，需要区分更好地利用现有交通运输基础设施和增加运输能力两种政策的优势。

1.征收拥堵费用

自从阿瑟·塞西尔·庇古（Arthur Cecil Pigou）的开创性工作以来，经济学家已经达成了一种共识，交通收费是解决交通拥堵问题的有效手段。这种政策主张的理由是相当直观的，如果汽车数量超出上限，那么使用汽车的出行速度将随汽车数量的增加而下降，虽然出行延误所造成的各种成本由出行者本人来承担，但这种行为也增加了其他人出行带来的外部成本，即延长了其他人的出行时间和降低了出行速度。因此，解决交通拥堵问题最好的方法就是征收相当于边际外部成本的拥堵费用。

根据静态的峰值负荷定价理论，考虑两个区位 A 和 B 由一条道路相连接。当交通没有拥堵时，出行成本是恒定的，且标准化为零。居住在区位 A 的 N 个同质性消费者希望同时前往区位 B，但道路的通行能力不足以满足这种要求。假设最简单的情况是，道路上有一个单位时间内只能通过 s 辆汽车的瓶颈路段。此时，平均出行成本为 $\alpha N/s$，总出行成本为 $\alpha N^2/s$。故出行的边际社会成本为 $2\alpha N/s$，边际外部成本为 $\alpha N/s$，其中 α 为出行时间的影子价格。如果每个人支付 $\alpha N/s$ 的通行成本，就可以把外部成本内部化了。如果用出行的反需求函数来表示出行次数，那么最佳出行次数为 $2\alpha N/s$。但在不收交通费时，均衡时的出行次数为 $\alpha N/s$。因此，传统的峰值负荷定价模型告诉我们，以边际社会成本收费可以降低出行次数。

上述方案是一种静态的方案，在现实中，出行者不可能在同一时间出行，因此道路拥堵是一种动态的过程,可以使用瓶颈模型来解释这一过程。任何人都想按时到达目的地,但不论提前或延迟到达,都会导致日程延误成本,设 β ($\beta<\alpha$) 表示早到的单位成本,γ ($\gamma>\alpha$) 表示晚到的单位成本。如果到达瓶颈路段开始处的汽车数量超过 s,那么将会形成排队现象。出行总成本是排队延误成本、日程延误成本和通行成本(如果有的话)的总和。设 $\tau(T)$ 为在时刻 T 征收的通行费,$N(T)$ 为时刻 T 排队的车辆数量,那么时刻 T 通过瓶颈路口的消费者的出行成本为 $C(T)=\alpha N(T)/s+\beta$(早到时间)$+\gamma$(晚到时间)$+\tau(T)$。由于出行者是同质的,因此每个出行者的个人出行成本是相同的。如果没有通行费,那么排队时间从出行过程开始时的零增加到到达目的地所需时间的最大值,然后在出行过程结束时减少到零。我们可以证明,均衡时出行的社会成本为 $\delta N/s$[式中,$\delta \equiv \beta\gamma/(\beta+\gamma)$]。排队是无谓的损失,它可以通过征收随时间变化的通行费来避免。这种通行费从零开始起步,以 β 费率线性提高到出行者到达目的地所需最长时间的通行费为止,然后以 γ 费率线性减小到零。此时,可以避免排队现象的发生,但不会消除日程延误成本,因为瓶颈路段仍然以最大容量通行且出行者到达瓶颈处的时间间隔不变。因此,征收通行费后的出行的社会成本从 $\delta N/s$ 下降到 $\delta N/2s$,但此时包含通行费的私人成本与不收通行费时的私人成本相同,故均衡的出行次数仍由 $\alpha N/s$ 给出。因此,在没有减少出行次数的情况下,征收随时间变化的通行费可以降低一半的出行成本。然而庇古静态模型中的日程延误成本没有变化,故仍不能消除拥堵成本。

上述分析是在出行者时间价值都相同的假设下进行的,但实际上不同出行者的时间价值是不相同的。此时,如果以高价值出行(商务出行或高技能劳动力的通勤活动)替代低价值出行,那么征收通行费会减少高峰期出行者数量,使得商务出行或高技能劳动力的通勤更加方便,进而有利于提高劳动生产率。同时,个人在日程延误方面的偏好也不相同。一般来讲,长距离通勤者容易缺勤、迟到以及缺乏工作热情,针对这些现象,有些学者以时间价值异质性和日程延误异质性为基础,研究如何通过征收随时间变化的瓶颈路段通行费的方式来实现福利水平的帕累托改进问题。

综上，对瓶颈路段的智能化定价可以把排队等候转变为通行费收入，这带来时间的节约和生产率水平的提升。这相对于很昂贵的交通基础设施建设而言是一项明智的选择，同时也可以抑制经济活动的空间蔓延。

2.拥堵收费难以推广的原因

尽管拥堵收费是一种很明智的选择，但在现实中却很难推广开来，这可能有以下四个方面的原因：

第一，不同的收费预案对整体福利的影响很大，如果收费时段划分不合理，那么整体效应将大打折扣，且实施起来也很困难，比如斯德哥尔摩收费方案比伦敦方案更有效。斯德哥尔摩方案是根据一天中的不同时段实施差异化收费，而伦敦方案是简单地分为昼夜两个不同时段收费。正如瓶颈模型所示，区分时段差异对于收取拥堵费用至关重要，像伦敦方案这种昼夜两个时段的简单划分，就是主要依靠减少高峰期汽车出行总数来缓解交通拥堵，这样也放弃了大部分拥堵费用收益。

第二，征收通行费降低排队等候时间的效果并不明显。有学者发现，为消除大多数排队状况需要降低10%~20%汽车使用量，减少的汽车出行量中只有不到40%的部分被公共交通所取代，而其余部分由共享汽车、搭伙出行或放弃出行等所取代。

第三，标准的成本效益分析只关注节省出行时间带来的直接收益，忽略了交通可达性带来的整体经济运行效率的提升。降低城市通勤成本的各种政策措施还可以吸引其他城市的劳动力聚集到此城市，此时该城市的聚集收益是递增的，但如果其他城市的聚集效应仍然很大，那么该城市的总体收益将会下降。如果这种交通项目有利于降低从其他地区输入商品的运输成本，那么该城市的经济收益将会是递增的且与产品价格成正比。这就意味着，这种分析通常忽略整体运行效率的提升问题。

第四，有些研究把能否实施这种政策与地方政府的行政能力联系起来。有学者把人群划分为如下三种类型的，即不开车的人、转换成本较低易于变为乘坐公交车的驾驶员（边际驾驶员）以及转换成本很高的驾驶员。如果通行费收入在所有人之间平均分配,那么不开车的人将支持收取通行费的政策,这样不开车的人和边际驾驶员就是支持收取通行费政策的主体。如果所有驾驶员只知道改乘公交车的转换成本而不知道其他成本,那么边际驾驶员担心他们所承担的转换成本可能比实际成本还要高,因此大多数人又可能反对收取通行费的政策。但在实施收取通行费政策后边际驾驶员发现,其实际所支付的转换成本低于预期,事后有可能支持收取通行费的政策。因此,大多数驾驶员最初担心自己的预期收益为负数从而反对通行收费,但在通行收费实施后多数人又可能反过来支持这种政策。因此,有些研究认为,最终决定取决于地方政府实施此类政策的能力。

总之,至今为止学界对收取通行费的政策还没有统一的认识。从有限的实验活动以及部分学术论文中得出确定性的结论似乎为时尚早,收取通行费的措施可能导致各种意想不到的情况,这就需要更加深入而认真的研究。

3.基础设施建设

建立新的道路设施可能会提高道路通行能力,并降低给定数量出行者的平均出行成本。但提高道路通行能力时,交通量不可能保持原来的水平而是会进一步扩大,因为提高的道路通行能力吸引了更多的汽车使用者,也就是说,道路通行能力的提高就创造了对它自身的需求,这被称为唐斯悖论。它反映了随出行成本的下降而增长的对交通运输量的需求,也意味着单纯依靠交通基础设施建设是无法解决城市交通拥堵问题的。一些学者的研究证实了新的道路建设产生更多交通运输量的结论,尤其在没有收取通行费的情况下,新的道路通行能力的建设导致与其同比例增长的汽车数量,道路通行能力的提高几乎同比例地增加了轿车和卡车数量,之前乘坐公交车的乘客也通过汽车出行,这又降低了公交车使用频率从而增加了等待时间和日常延误成本,最终导致作为替代工具的公交车丧失其功能。同时,降低运输成本的交通项目不仅影响厂商区位选择,还影响劳动力居住区位的选择,也就是随着产业活动的分散化,就业区位也发生分散化,道路通行能力的提高导致城市人口的分散化趋势。

上述讨论提出了不同于许多政策性建议的一些主张。如果不配合实施道路收费政策，那么只凭新建道路项目是无法解决交通拥堵问题的，同时道路新建又会破坏城市原有的风貌，因此新建道路不能作为解决城市交通问题的首选方案。这样，收取通行费又成了解决城市交通拥堵问题的主要关注点。

三、城市系统

在不同空间尺度上的聚集力和分散力相互作用，会形成不同规模以及不同类型的城市，最终形成某一区域空间范围内的城市体系。城市体系是空间经济学中长久不衰的研究课题，也是国土空间规划的核心内容。解释城市体系目前有两种分析思路，也就是有两种不同的模型。第一种思路主要关注专业化与城市规模问题；第二种思路主要关注城市劳动力异质性，它的基本思想是，城市是大量的小型经济人而不是少数大型经济人所选择的结果。

（一）专业化与城市规模

尽管克里斯泰勒（W. Christaller）和廖什（August Losch）在早期的城市研究方面作出了巨大的贡献，但第一个研究城市体系的学者是亨德森（John Henderson）。亨德森的研究框架涉及大量从事商品交易的专业化城市。他认为，城市体系类似于小型开放经济体，城市中厂商在完全竞争和外部规模经济条件下从事生产活动，城市市场以土地开发商之间的土地竞争为主。土地开发商为获取更大的经济收益，通常以土地租金最大化的方式开发土地，并把不同类型厂商聚集所产生的外部效应内部化。实现均衡时，不同城市的效用水平趋于相等，这样就形成规模不同但数量有限的城市群。不同产业形成不同的外部经济，如果城市专业化部门不同，那么城市规模也不相同。

藤田昌久和蒂斯（David Teece）得出了如下重要的结论。均衡时，i 类城市的数量随着规模收益递增强度的提升而减少，随着通勤成本的下降而增加；如果对商品 i 的支出份额很大，那么将会存在大量的 i 类城市，但它们的规模保持不变。收益递增和通勤成本之间的基本均衡按如下方式塑造城市体系：①如果生产商品 i 时的规模收益递增强度越大，那么 i 类城市的数量就越少，但规模越大；②如果通勤成本变大，那么所有类型城市的规模变小，数量增加；③规模收益递增避免了城市数量的剧增，通勤成本的存在避免了城市规模的无限扩张，最终使大城市数量少于小城市。

同时，我们还可以看到，大城市专业化于规模收益递增强度很大商品的生产，而小城市的这种专业化倾向并不明显。由于大城市专业化于规模收益递增强度较大的部门，大城市的劳动力可获得较高的工资，同时也负担着较高的地租和通勤成本。小城市的劳动力尽管没有像大城市那样获得高工资，但他们所支付的地租和通勤成本较低。当处于均衡状态时，不同规模城市居民的效用水平都相等。这样在现实中，常形成由数量不等、规模不等、专业化程度不等的不同城市所组成的较为稳定的城市体系。

杜兰顿（Gilles Duran）等的分析与亨德森、藤田昌久和蒂斯的从部门专业化角度的分析不同，他们是从功能专业化角度来分析城市体系形成问题的。随着信息和通信技术的发展，目前许多大型生产商在空间不同的区位上配置不同的生产功能以获得整体收益的递增效应。然而，生产不仅需要具体的知识和技术，也需要缄默知识，如果空间上分散区位的总部与工厂之间的通信成本很高或者正确传递各种指令较为困难，那么公司将整合所有的功能，此时将出现类似于上述亨德森、藤田昌久和蒂斯等研究的城市体系。相反，如果通信成本足够低或者可以正确地传递各种指令，那么总部可能布局在几个大城市以享受各种类型的良好服务，而工厂则布局在专业化的小城市。此时城市可能从部门专业化转向功能专业化。德斯米特（Desmet）和罗西-汉斯伯格（Rossi-Hansberg）从另外一种角度来解释了城市体系形成问题，他们认为城市规模分布是生产效率、各种便利设施和空间摩擦等三种要素相互作用的结果。

（二）劳动力异质性

在上述模型中，居住在城市的劳动力是具有相同偏好的同质性劳动力。然而在现实中，居住在城市里的劳动力几乎都是异质性劳动力，且在不同城市中这些异质性劳动力的社会组成是大不相同的，尤其劳动力在技能上存在较大差异时更是如此，这就需要利用城市间和城市内异质性劳动力的分布来解释城市体系形成问题。不同于亨德森的模型，这些模型不依赖类似于开发商等的大型经济体，而是主要依赖大量的小型经济体，也就是说，城市是因大量的小型经济体选择生产区位时的相互作用而形成的。

1.聚集、分类和选择

贝伦斯（Kristian Behrens）等假设经济由连续的单中心城市和具有不同技能水平 s 的劳动力组合体所组成；个人的劳动生产率取决于劳动力自身技能和该劳动力与城市劳动力市场的匹配程度两个因素。个人可以知道自己的技能水平，但他事先无法确定他与城市的匹配程度，当个人在城市寻找工作时，他才会知道他与城市劳动力市场的匹配程度以及自身的劳动生产率水平。该劳动生产率可以由 $\varphi = c \times s$ 给出，c 为实现就业的随机变量，该变量可以表述为决定该劳动力与城市匹配程度的环境因素。根据自己对自己生产率水平的了解，个人将选择成为一名企业家或工人。个人是风险中性的，他消费最终消费品和固定数量的土地以实现个人效用最大化。企业家成立了一家厂商，该厂商使用劳动力生产一种产品。中间投入品生产厂商是异质性厂商，他们在垄断竞争条件下进行生产，它们的数量等于企业家的数量。通勤成本为交通费率与离城市中心区距离的线性函数，人均城市成本为交通费率与人口规模的函数。在这些假设下，贝伦斯等把与城市规模有关的聚集经济效应分解为劳动力分类效应和厂商选择效应，然后分析这些作用力是如何相互作用以塑造城市体系的。

在人口和劳动生产率分布 $F(\varphi)$ 已知的情况下，先从城市匹配程度开始。劳动力是异质的，故在劳动生产率方面存在临界值 φ_{min}。如果某个人的劳动生产率水平大于该临界值，那么这个人选择成为企业家；如果小于该临界值，那么选择成为工人。贝伦斯等根据劳动力劳动生产率水平，得出了最终产品生产部门的生产函数。根据该生产函数，最终产品生产部门的人均产出水平与人口规模成正比，因为人口规模大，能够成为企业家的人数也较多，进而从事中间投入品生产的厂商数量增多，这将提高最终消费品生产部门的劳动生产率。这也就意味着存在与人口规模有关的聚集经济。

现假设每个劳动力的劳动生产率由 $\lambda\varphi$ 给出（其中 $\lambda>1$），在前面已经讨论过，劳动生产率的临界值随劳动力技能水平的提升而变化，由于现在的劳动力技能水平为 $F(\lambda\varphi)$，故临界值也变为 $\lambda\varphi_{\min}$。这意味着，现在企业家的技能水平大大提升，随之中间投入品生产部门将拥有更多的富有效率的厂商，这将大幅度提升最终消费品生产部门的劳动生产率、收益水平以及支付给劳动力的工资水平。换句话说，高技能的劳动力产生人力资本外部性，即个人的劳动生产率水平与周围劳动力的劳动生产率水平同时提高，劳动力和企业家的收入水平也随个人技能水平的提高和城市规模的扩大而提升。

高技能劳动力因在大城市居住和就业而获益，而这些城市的潜在数量很大。如果该类型的城市系统处于均衡状态，那么此时该系统中不同城市的劳动力技能水平是相等的，同时由于劳动力匹配系数不同，不同规模城市承载着不同劳动生产率水平的劳动力。因此，均衡时的城市系统将具有如下特征：城市规模随聚集经济强度和劳动力技能水平的提高而变大，随着城市成本的增加而变小。劳动力技能水平的提升放大了聚集经济效应，因此劳动力技能水平的提升可在更高水平上实现均衡。因为劳动力技能水平完全相同的两个城市的人口规模相同，因此可以根据劳动力技能的分布状况来确定相应类型城市的数量。如果劳动力技能的累积分布呈凹形，那意味着大城市数量较少，此时整个城市系统呈现出金字塔形结构，效率最高的城市位于顶部，效率最低的城市位于底部。

不同于传统的城市体系研究，贝伦斯等的研究揭示了劳动力技能和人口规模相互作用机理，由于不同城市承载着大量的具有不同生产率水平的劳动力，因此不同城市的功能是不相同的。该研究所得出的"大城市总体的劳动生产率水平和名义工资水平均高于小城市"的结论,与亨德森等的研究结论是相一致的,两种研究框架都为解释城市高收入水平提供了依据。

2.城市规模和学习能力

戴维斯(Davis)等研究的是在异质的个体之间的面对面交流是如何推动城市化和城市体系形成的。假设经济系统是由连续的单中心城市和技能各异的劳动力的组合体所组成,个人消费不可交易的服务、可交易的商品和可交易的住房三种商品,个人在不可交易的服务业部门和可交易的产品生产部门之间进行选择,城市成本为人口规模和交通费率的函数,在城市中,个人的间接效用水平可以由从个人的收入水平减去不可交易产品消费和人均城市成本来表示。不可交易的产品是在规模收益不变条件下生产的,不同城市该部门劳动力的收入水平是不相同的。可交易产品生产部门的产出水平,取决于劳动力的技能水平和学习机会,这又取决于当地的人口结构。从事可交易产品生产的个人,可以在学习和生产之间自由分配时间,他们可以与高技能劳动力互动学到更多的技能。学习是聚集经济的主要因素之一,通过思想和知识的交流,可以提高劳动力的生产率水平,学习过程的这种外部性将提高规模收益递增程度。

这种研究要强调的核心思想是,个人的劳动技能和学习环境是相互补充的,也就是说技能劳动力的聚集将提高每个劳动力的劳动生产率水平,这就形成一种聚集力。大城市的城市成本很高,为这些高技能生产者所提供的服务成本也很高,这种高额的城市成本就形成一种分散力。生产可交易商品的生产者,只要可以获得足够高的收益,那么他们将选择城市成本很高的大城市。当实现均衡时,每个劳动力通过选择其就业和居住的城市以最大化其效用水平,此时所有市场全部出清。

上述研究表明:如果城市成本并不是很高,因而聚集力相对于分散力大,那么根据劳动力技能水平可以把空间进行分类,此时高技能劳动力大量聚集在大城市,大城市高技能劳动力收入水平也很高;如果城市成本很高,因而分散力相较于聚集力大,那么将与核心边缘模型中的情形一样,实现均衡时两个城市的规模相等。

总之，贝伦斯等的研究强调，人口规模和人口结构的外部性使得劳动力技能与人口规模相互补充，从而导致劳动力技能的空间分类模式；戴维斯等的研究强调，学习的外部性会放大个人之间在劳动生产率方面的差异，从而导致大城市高技能劳动力快速增长，形成高技能劳动力大量聚集在大城市的劳动力空间分布模式。上述两种理论不同于传统的城市体系形成理论，都从劳动力异质性以及劳动力的空间分类角度探讨了城市系统的形成问题。然而，除藤田昌久等的研究以外，至今的城市系统研究都假设城际交易无成本、不同城市生产相同的商品。我们无法从这些城市系统模型中识别出能够解释城市规模、产业结构和社会结构的城市区位的因素以及这些因素对错综复杂的城际贸易网络的影响。城市系统理论应对城市的特定区位给予特别的关注，这必然要求假设城市间运输成本的存在，然而这是一项艰巨的任务。

第二章　城市产业经济与城市发展

第一节　城市产业分类

一、按经济功能划分

按经济功能的不同，城市产业可分成两大类：主要满足城市外部市场需要的产业为输出产业（或基础产业）；主要满足城市内部市场需要的产业为地方产业（或非基础产业）。对于城市的经济发展来说，输出产业是起主导作用的，处于支配地位，因为它是城市从其外部获取资源的主要手段；地方产业则是支撑前者存在与发展的条件，处于从属地位。

每个城市发展什么样的输出产业，取决于许多条件和因素，最重要的是该产业是否具备了比较优势，即和其他地区相比、和其他产业相比，该产业是否在资源、技术、地理、市场等相关方面拥有竞争力。各个城市要扬长避短，确定自己的主要输出产业，从而形成各具特色的专业化分工。这对于国家和地区生产力的合理布局、资源的有效利用、经济效益的综合提高，都具有十分积极的意义。同样，地方产业一方面为输出产业提供产品和劳务，另一方面为当地市民提供衣食住行等诸多便利，在城市经济发展中绝非无足轻重，而是必不可少的支持系统。

输出产业与地方产业反映了城市经济的二重性，即对外功能与对内功能的统一。

二、按生产要素划分

根据各生产要素在不同产业部门中密集的程度和比例的不同，城市产业可分成三大类：劳动密集型产业、资金密集型产业和技术密集型产业。凡单位劳动力占用资金较少、资本有机构成和技术装备水平较低、需要投入劳动力较多、单位成本中活劳动消耗所占比重较大的产业，称为劳动密集型产业，如服装、皮革、餐饮业等；凡投资比较集中、资本有机构成高而所需劳动力较少的产业，称为资金密集型产业，如石油、化工、钢铁、机械制造业等；凡生产过程机械化、自动化程度和技术层级较高且对知识人才素质要求较严的产业，称为技术密集型产业（或知识密集型产业），如电子、航天、生物工程行业等。在实际构成中，有的行业不一定是单纯某一种要素密集度高，而有可能是两种都高。

经济发展的根本特征是产业结构由简单到复杂、由低级到高级的不断转化。考察一下各国经济发展的进程可以发现，产业结构呈现如下演变规律：由以劳动密集型产业为主，转化为以资金密集型产业为主，再发展到以技术密集型产业为主。这一规律的基础是不同社会资源累积的顺序与速度、规模的差异，以及由技术进步带来的各种社会资源的有序替代。

与自然资源形成的天赋过程不同，劳动力、资金、技术这些社会资源是随着社会发展而逐步累积起来的。

三、按三次产业划分

"三次产业"这一概念的首创者，是新西兰经济学家费希尔（A.G.B.Frisher）教授。他在1935年出版的《进步与安全的冲突》一书中指出，人类的生产活动可划分成三个阶段：初级阶段，主要以农业和畜牧业为主；第二阶段，以工业大规模、迅速地发展作为标志；第三阶段，大约从20世纪初开始，出现了大量的服务性行业并逐渐占据经济活动的主要部分。同生产活动的这三个发展阶段相适应，他认为可以将产业结构划分成三个层次：第一产业、第二产业和第三产业。

其后，1940年英国经济统计学家克拉克（Colin Grant Clark）在《经济发展的条件》这本著作中，进一步阐述了三次产业的内容及其结构变动趋势。他提出：第一产业以农业为主；第二产业是制造业；其他的经济活动则统统归入第三产业。由于各次产业间存在着收入差异，促使劳动力依序从低级产业向高级产业转移，从而形成了经济发展中的三个台阶——这一发现完善了古典经济学家配第（William Petty）的著名论断，因而被称为"配第-克拉克定理"。

自此，西方国家普遍采用的三次产业分类方法，并逐渐被社会主义国家所接受，成为国际上广泛流行的划分方式。

联合国国际劳工组织根据这一理论，修订了《全部经济活动的国际标准产业分类索引》（*Indexes to the International Standard Industrial Classification of All Economic Activities*），简称《标准产业分类（SIC）》，它把全部经济活动分成如下十个大类：①农业、狩猎业、林业和渔业；②矿业和采石业；③制造业；④电力、煤气和供水业；⑤建筑业；⑥批发与零售业、餐馆与旅店业；⑦运输业、仓储业和邮电业；⑧金融业、不动产业、保险业及商业性服务业；⑨社会团体、社会及个人的服务；⑩不能分类的其他活动。

以上十类中，①~②类属于第一产业，③~⑤类属于第二产业，⑥~⑩类属于第三产业。

中国国家统计局于1985年对三次产业的划分做了专门的规定，即：

（1）第一产业为农业（包括林业、牧业、渔业等）。

（2）第二产业为工业（包括采掘业、制造业、自来水、电力、蒸汽、热水、煤气业）和建筑业。

（3）第三产业为除上述各业以外的其他产业，它又包括四个层次：第一层次是流通部门，包括交通运输业、邮电通信业、商业饮食业、物资供销和仓储业；第二层次是为生产和生活服务的部门，包括金融业、保险业、地质普查业、房地产业、公用事业、居民服务业、旅游业、咨询信息服务业和各类技术服务业等；第三层次是为提高科学文化水平和居民素质服务的部门，包括教育、文化、广播电视事业，科学研究事业，卫生、体育和社会福利事业等；第四层次是为社会公共需要服务的部门，包括国家机关、党政机关、社会团体，以及军队和警察部门等。

第二节　城市发展与产业经济的关系

一、城市发展与产业经济相关概述

城市发展，是指城市在一定地域内的地位与作用及其吸引力、辐射力的变化增长过程。城市发展在我国目前实施的政策中发挥着至关重要的作用，其主要目标是增加国家和地区社会经济发展的动力，缩小过度的空间发展差距，提倡以城市化为导向的发展模式，并根据特定地区的特殊性及其内生潜力进行调整。在此背景下，城市发展特别关注激发城市的内部潜力和发展驱动力。城市是强大的经济和政治增长中心，其发展的内在特征——极化和扩散，表现在两个方面：其一，城市发展往往会以牺牲所谓"周边"为代价，城市中心配套资源充沛而周边城乡地区发展较为落后，即"极化效应"；其二，随着城市中心对经济薄弱地区的溢出效应的影响，城市中心与周边地区联系加强，并且周边地区逐步发展为"子城市"，即"极化效应"逐渐被"扩散效应"所取代。在此过程中，城市中心和周边虽然是独立的实体，但它们之间存在着住房、工作、教育、交通、旅游和资源利用等因素之间的联系。这些关系反映在物理上的相互依存关系中，而结构关系则与社会经济过程有关，包括人员、货物、资金、信息以及废物的流动等，其间产业经济是作为城市发展的基础而出现的。产业经济是以产业为目标，以产业结构、产业组织、产业发展、产业布局和产业政策等理论为基础，构建的有机整体的经济模式。对产业经济进行研究，有助于在城市发展中识别以产业为特征的城市生产和消费过程。

二、城市发展与产业经济存在协同发展的关系

城市是一种十分复杂的社会体系，而产业经济直接关系或可以说影响着城市经济、城市文化等的发展。在决策城市规划方面，对其产生重要影响的就是产业经济布局的不断变化。与此同时，城市的阶段性发展对产业经济发展规模有着一定的决定性作用，基于科学化的产业经济布局背景才能有效促进城市规划发展，反之就会阻碍城市规划以及城市发展。实际上，城市的可持续发展，在一定程度上依赖于产业经济等战略计划，以便解决城市社会环境系统的可持续性问题，将关键和新兴的可持续性概念纳入城市发展并加强未来城市发展的可持续性。在这方面，通过对我国城市发展和产业经济因果关系的研究，可以得出以下结果：首先，产业经济与城市的集中度在区域发展水平的长期和短期内均存在双向正相关关系；其次，产业经济发展与城市发展中不可再生能源的利用强度之间存在双向混合联系，表现为产业经济发展缓解了城市发展中的不可再生能源的使用强度；最后，城市集中度与产业经济之间存在单向混合联系，这种联系揭示了产业经济对城市发展水平的长期影响。就这个意义上来说，城市发展和产业经济的耦合协调度呈上升趋势，城市发展与产业经济的关系是一种协同发展的关系。

第三节　城市发展中产业经济的作用

一、优化城市空间结构

通常，在城市发展过程中，为了获得可持续发展的城市空间结构，会采取两种城市规划方法：以结果为中心的城市规划方法和面向过程的城市规划方法。其中，以结果为中心的城市规划方法倾向于解决脆弱性的直接驱动因素，例如，获取土地以恢复绿色空间或提升城市抵御洪水风险的能力等。相比之下，面向过程的城市规划方法强调气候风险评估，通常侧重于通过利益相关者达成共识和共同愿景。然而，无论是面向结果还是面向过程的城市规划，都未能解决城市发展脆弱性的潜在驱动因素，并且在某些情况下甚至加剧了城市的极化现象。在此背景下，产业经济有助于在城市规划中优化城市的空间结构。具体来说，产业经济强调了城市发展中的适应性障碍，并寻求对城市规划过程本身性质的解释，以维护产业经济作为基本组织社会和经济秩序的结构。在这种情况下，基于产业经济的城市规划可以消除城市空间结构的分歧，并可以转移人们对结构性不平等和冲突的注意力。在此意义上，通过对产业经济进行科学布局规划，可以改善城市空间结构，扩大城市规模，为城市健康发展奠定基础；通过对产业经济发展需求进行充分考量，可以更为充分地利用城市有限的空间，让城市实际价值以及功能作用得到充分发挥，在此基础上确保城市发展的稳定性、健康性及可持续性。

二、改进城市经济体系

改进城市经济体系是城市化发展的关键要求，其中，产业经济对城市经济体系的改进作用主要体现在三个方面：

首先，产业经济长期以来一直服务于将城市概念化为"市场"，在这个"市场"中，土地等稀缺公共资源完全根据其市场价值进行分配交换。从这个角度来看，城市规划者得以在充分了解风险的情况下，通过与土地、金融和劳动力市场的接触，来独立管理城市发展的经济风险敞口，以实现城市经济积累，支持城市经济增长。

其次，产业经济被视为调解市场失灵和外部性所必需的基础，立足于导向的产业经济审视城市经济增长霸权，进而影响城市规划工作，以最大化资源交换价值利益，提供更具弹性和适应性的城市发展目标，促进更广泛的公共利益，直接推动和塑造城市经济体系发展。

最后，将产业经济的适应规划置于更广泛的城市发展中，有助于城市经济体系适应治理挑战，对城市经济体系的多样化发展机制的思考以及见解有着重要的作用，是在城市发展背景下为城市经济风险和适应决策，提供了关于城市规划和城市融资的实践运作以及资源分配。

从以上三个维度来说，产业经济在城市经济战略中起着核心作用，不仅有助于城市经济体系最终获得适应性的发展，还提供了城市价值捕获的一套相关机制。通过产业经济对城市发展的贡献，实现了城市从高价值开发中获取租金，来支付城市发展所需的基础设施改进支出；帮助城市收回特定地区适应措施的公共支出，刺激特殊增长的城市地区的发展，并利用未来的财产税收入增加城市发展所需资金。

三、改善城市生态环境

通常，打造紧凑型城市旨在最大限度地减少城市足迹，构建高密度和多功能的城市空间，但这通常以城市绿地元素为代价，而这些元素对于提供生态连通性很重要，因为失去连通性会抑制城市生态系统适应气候变化的能力。在生态文明视域下，城市生态环境具有文化、社会、政治和生态价值，这些价值包含当地的、独特的文化历史和城市环境的生态特征，它们共同赋予了城市增长动力。然而，这些价值通常不会在城市发展中得到充分体现。尤其是在城市发展的早期阶段，为了适应城市的飞速发展和经济需要，常常会以牺牲城市的生态环境为代价。可以说，在城市发展过程中，与嵌入在城市生态环境中的社会、文化和生态价值相关的各种成分也需要得到认可、包容和赋权。在此背景下，产业经济为城市生态环境的价值获取创造了新的机会，这些机会被用来抵消阻碍更具适应性的城市增长的因素。尤其是基于循环经济的生态产业经济，旨在最大限度地利用资源，以减少城市发展过程中产生的废物。生态产业经济通过循环闭合、生态设计、产业生态、产业共生、生命周期分析和绩效经济等多个相互关联的概念，促使环境效益得到显著提升，其主要经济重点使其很好地融入城市生态环境治理结构中。

第四节　以产业经济促进城市发展

一、以区域产业经济加快中心城市的建设

毋庸置疑，区域经济构成的结构性变化是当前学术界和政策制定的核心之一。社会人口力量和地域限制已将城市发展推向复杂的演化路径，产生了新的经济空间并改变了单中心城市的密度梯度。在实际中，沿边缘重新定位活动、重新设计中心和周边功能以及在空间尺度上重新建模聚居结构，反映了典型的社会经济动态，塑造了日益清晰的城市空间结构，使得城市形式和功能之间的相互作用成为城市发展的必然过程。在此背景下，针对不同区域背景下的城市发展新路径的见解和政策制定，越来越注重了解刺激新的区域路径的机会。其中，中心城市是区域城镇体系的核心城市，也是城市发展的重要模式之一。中心城市通过区域吸纳、辐射、中介、信息及配置等杠杆作用，推动了区域经济的持续发展，缩小了区域间的发展差距，提升了区域的竞争力和影响力。在此过程中，区域产业经济强调了这样一种观点，即一个地区的新产业是通过分支过程以及不相关的知识和资源的组合，从现有产业发展而来的。由于密集的区域网络和结构、不同知识基础的结合、充满活力的创业文化和创新企业的存在，新产业的诞生和发展对推动中心城市的产业结构调整有着巨大的推动作用。在实际中，区域产业经济与中心城市建设推动区域多元化的发展。为此，党的十九大报告指出，建立区域协调发展新机制，构建大中小城市和小城镇协调发展新格局，这是实施区域协调发展战略的重要内容。具体来说，在区域产业经济中可以采取多种形式，包括现有产业的升级、相关产业的多元化以及技术无关产业的出现。这些形式突出了区域产业经济如何通过建立新结构来构建和利用区域发展的机会空间，加速中心城市的建设工作。

二、以智慧产业经济推动智慧型城市发展

众所周知,"智慧城市"一词反映了城市在治理、人力资本、经济、安全、医疗保健、环境和生活等领域变得健康和具有竞争力的承诺和相关努力。在实际中,世界各地的城市都面临着快速的技术变革、城市化、环境挑战、资源稀缺以及不断变化的公民期望。为了更好地应对这些挑战并保持城市的核心吸引力,城市正在向着智慧型城市方向发展。在此过程中,智慧产业经济通过基础设施的全面现代化、流程、结构、行政文化和服务的重新设计,使用新技术和创新技术保持竞争力来推动智慧型城市的战略变革。

一方面,智慧产业经济为智慧城市的发展,提供了实现战略变革和创新而开展战略和创业活动的能力。通过智慧产业经济,城市管理者能够适当整合和重新配置城市内部和外部的活动、资源、技术和能力,以适应不断变化的智慧城市发展方面的关键要求。在此过程中,智慧产业经济识别不断变化的客户需求和潜在需求以及观察组织的环境和技术发展;就如何为智慧城市创造价值作出战略和商业模式决策;重新配置组织能力,以确保组织及其资源和能力的战略更新,使其能够继续满足不断变化的智慧城市期望。

另一方面,鉴于各种参与者在参与的环境中不断变化和竞争压力的现状,智慧产业经济要引入新的或扩展和改进现有产品、流程、服务和技术,形成新的联盟,争取新的战略伙伴关系,整合和协调组织内外的活动和技术。智慧产业经济为智慧城市的发展提供了组织整合、构建和转换其资源基础的能力、创新和实施新流程、修改或重新配置现有流程、产品或服务以更好地适应不断变化的环境的能力。

三、以循环产业经济园推动生态城市发展

  时至今日,生态环境成为城市规划中的一个日益重要的特征,它们提供的生态和社会效益也证明了这一点。研究表明,生物多样性危机在很大程度上可归因于城市发展和农业集约化导致的栖息地破碎化,而持续的栖息地破碎化被认为是对全球生物多样性的最大威胁之一。因此,在城市发展过程中,要侧重考虑并将自然环境的保护和增强纳入规划工作,包括栖息地的提供、空气质量的监管等。流行的经济模式基于一个直线过程,一端从自然中获取材料,另一端将废物再次倾倒在自然中。但现在,循环经济模式是将其中一个过程的废物变成另一个过程的营养物质。在此过程中,产业经济要遵循十项原则,即:不要让产品变得多余;通过共享产品或以多种不同方式使用产品,使产品使用更加密集;同一产品使用更少的原材料和更少的能源;不同用户在相同功能中重复使用废弃的、能正常工作的产品;修复有缺陷的产品,以保留原有功能;翻新旧产品,使其适合新用途;重复使用产品的功能部件来制造类似的产品;在具有不同功能的新产品中重复使用产品或其组件;将产品的材料再利用,用于新产品;通过能量回收焚化材料。在此过程中,循环经济产业园推动城市发展从具有浪费性做法的线性经济向循环经济的互补性转变。例如,在循环经济产业园中,其中一家公司的废品将成为另一家公司的投入品,而企业家活动的重点是发现和实施此类生态计划。循环经济为城市生态环境的可持续发展提供了必需的模板。

  在城市发展中,产业经济可用于解释城市发展存在差距的原因及其对功能区进一步发展的可能影响。同时,产业经济也是代表城市发展水平进而确定实施适当的区域政策以缩小特定地区之间的社会和经济差距的关键,构成了增加城市发展动力和有效利用内生潜力的基础条件。在区域发展政策背景下,要更加重视产业经济在城市发展中的作用,把握住城市发展和产业经济的内在联系,多措并举,最终实现城市发展和产业经济的双赢局面。

第五节 产业经济发展与城市规划之间的相互影响

产业经济发展和城市规划均是社会经济发展中不可或缺的重要内容，对社会经济发展能起到促进作用。城市规划的主要内容是对城市土地等进行合理的规划，从而促进城市社会经济的健康可持续发展。从该角度进行分析，城市规划也离不开城市产业经济发展的大力支持，因此也可以将产业经济理解为城市发展规划中的核心内容，通过科学合理的城市规划来更好地促进产业经济的发展。

具体来说，不同类型的产业经济在发展中对土地具有不同的要求，只有合适的地域条件才能更好地促进产业经济的发展。因此，在城市规划过程中需要充分考虑不同类型产业经济的特殊性，从而在地域条件方面为产业经济发展提供最优支持。由此可见，在现代城市发展中需要同时考虑城市规划和产业经济发展，考虑两者之间的相互影响，通过统筹设计实现两者的最优化，一方面充分体现城市规划的重要性以及产业经济发展的积极意义，另一方面更好地促进城市经济的健康稳定发展。

一、产业经济发展与城市规划之间的作用关系

为了加深对产业经济发展和城市规划的理解，更好地探讨两者之间的作用关系，需要从产业经济发展对城市与外界联系、城市内部之间联系以及城市功能发展三个方面的影响进行深入研究。需要注意的是，在城市规划过程中，关于资源的调配以及交通方面的部署，必须符合城市整体宏观规划以及平衡性要求，从而为产业经济发展提供大力支持和可靠保障。在各方面条件具备的情况

下，产业经济才可以获得更好的发展，从而更好地带动城市经济的发展。因此，如何通过科学合理的城市规划来促进产业经济发展，便成为城市规划中的核心内容。

（一）产业经济对城市与外界联系的影响

任何城市的发展都不是孤立的，均需要在整体的社会经济发展过程中进行统筹考虑。因此，在城市规划过程中，需要充分考虑城市与外界的相互联系，考虑外部环境因素对城市发展所产生的各种影响，这种影响体现在交通以及信息通信等各个方面。以信息通信为例进行分析，目前人们已经全面进入了数字信息化时代，各种先进的电子通信技术直接影响着人们的工作和生活，进而影响着城市社会经济的发展。同样，产业经济发展过程中也涉及电子信息技术的创新和应用，因此产业经济的发展必然会影响到城市与外界之间的联系。产业经济在发展过程中所需要的各种设备以及原材料，很大一部分需要从城市外部运输获得，产业经济发展所生产的产品也需要运输到城市及其外部进行销售，在该过程中信息的获取以及市场营销等均需要通过信息技术来完成。因此，产业经济出于自身高质量发展的需求，必然要求城市规划过程中加强城市与外部的联系。基于此，在城市规划过程中需要充分考虑产业经济发展特点，对城市与外部联系进行统筹考虑，合理安排。

（二）产业经济对城市内部之间联系的影响

城市与外界之间有着千丝万缕的联系，具有较大的复杂性和不确定性，相对来说，城市内部各部分相互联系构成一个整体，政治、社会、经济以及文化等各个方面均会对其他方面以及城市经济发展产生影响。产业经济是城市经济中不可或缺的重要组成部分，其在布局和发展过程中必然会对区域的政治、社会、经济、文化产生影响，促使城市内部之间的相互联系发生变化。比如：技术型以及教育型等脑力劳动占比较高的产业均需要在其周边规划安排相应的生活设施、科技设施等，为该类型产业经济发展提供支持；体力劳动占比较高的产业经济则需要在城市规划中在其周边考虑交通便利条件以及子女文化教育需求；对于重工业占比较高的产业经济需要在城市规划中合理配置相应的交通运输资源以及能源资源。因此，在城市规划中需要针对不同类型产业经济特点及需求进行合理规划，而这必然会促使城市内部政治、社会、经济以及文化资源等基于产业经济发展优化配置，进而影响城市内部之间的联系。

（三）产业经济对城市功能的影响

城市功能发展会促进相关产业发展，反过来城市产业发展也会带动城市功能发展，因此城市产业经济与城市功能之间具有密切联系，可以相互促进、相互支撑，二者在发展中具有良好的一致性和契合性。比如，一些城市原本具有显著的原材料优势，但是原材料的不断开发导致原材料供应不足或者产业经济在发展中出现某些问题，这会在很大程度上影响当地经济的发展。对于一些综合性较强的一线以及二线城市来说，其在发展过程中由于涉及多种产业，不会对单一产业产生过度依赖，因此不会因为单一产业发展出现问题而影响整个城市的发展。这也提示城市产业经济在发展过程中需要注重产业结构的合理性及稳定性，只有科学合理的产业结构才能更好地促进城市经济的健康稳定发展。如果城市产业结构较为单一，则会产生城市经济过于依赖该产业经济的情况，给城市经济发展带来较大的不确定性。如果该产业在发展中出现危机，就可能导致整个城市产业结构失衡，严重影响城市经济以及城市功能的发展。

二、产业经济发展对城市规划影响的特点分析

（一）产业经济发展会显著影响城市土地规划

土地规划是城市规划中最为重要的内容之一，直接影响城市整体规划的合理性。对于任何产业经济来说，其发展均需要占有一定面积的土地，并且需要

考虑周边的区域环境条件。需要注意的是，我国不同地区的土地条件存在明显差异，即使同一城市内部不同区域的土地条件也存在明显的区别。因此，在对土地进行规划时需要充分考虑城市规模、地理位置以及地形地貌等多个方面，并基于这些特点来合理进行产业经济规划。同时，不同地区在产业经济发展方面也具有不同的特点，在城市土地规划时还需要充分考虑当地产业经济发展特色，为产业经济发展提供可靠保障。因此，产业经济发展会显著影响城市土地规划。在通常情况下，靠山、靠水以及临近港口和铁路的城市在产业经济建设以及发展方面存在较大的区别，因此在城市土地规划时需要考虑当地最为合适的产业发展进行科学规划。

（二）产业经济发展会显著影响城市环境规划

城市环境建设会影响城市产业经济的发展，是城市精神文明建设的重要体现。因此，在城市规划中需要充分考虑环境污染对城市发展所造成的影响，基于不同类型产业经济特点合理进行环境规划，在满足产业经济发展要求的同时，为人们带来赏心悦目的城市风貌。比如对于技术型以及教育型等脑力劳动占比较高的产业，可以将其规划到环境优美并且距离市中心较近的区域，通过良好的环境建设来提升从业人员的工作质量和效率。对于水污染较为严重的产业，则需要在进行城市环境规划时将其安排到城市水源下游方向，并且充分考虑区域水流情况，避免产业在发展过程中对城市水资源造成严重污染。对于大气污染较为严重的产业，在进行城市环境规划时需要充分考虑区域风向情况，由于城市风向多存在不确定性，往往会随着季节的变化而发生变化，因此通常将该类产业规划到城市郊区以及主要风向的下方。对于劳动密集型以及资源密集型较为显著的产业，考虑到其可能会对周边环境造成一定的破坏，在城市环境规划中也通常将其规划到城市郊区，既有助于环境保护，也有助于为从业人员提供便利的交通条件。在我国可持续发展、新发展理念以及高质量发展国策背景下，充分考虑城市产业经济特点进行合理规划，对于城市发展具有积极的现实意义。

(三) 产业经济发展会显著影响城市基础设施规划

城市基础设施是城市产业经济发展的基础和保障，如果没有配套的城市基础设施，产业经济发展也无从谈起。在早期城市，基础设施主要体现在电力、水利以及环卫等方面，随着社会经济的不断发展，交通基础设施、通信基础设施等在城市基础设施中的重要性逐渐突出。任何产业经济的发展均需要一种或者多种城市基础设施的支持，特别是电力、水利以及通信基础设施等，因此在城市基础设施规划时需要充分考虑当地的产业经济发展特点，即根据城市产业经济发展现状以及规划合理进行城市基础设施规划。比如，对于耗电量较大的产业来说，在进行城市基础设施规划时需要在电力资源配置方面进行充分考虑，在满足产业用电需求的同时降低用电成本。在给排水系统规划方面，城市应该基于不同类型产业经济发展的用水需求进行合理设计，消防、农业、生产、生活等对用水量、水压以及净水程度等方面均有不同的要求，这需要在城市基础设施规划过程中对给排水系统进行认真分析。同时需要注意的是，产业自身在发展过程中也会反过来对城市基础设施产生影响，如部分工厂在建厂之初便考虑建立相应的健身广场，为企业员工锻炼身体创造良好条件。

(四) 产业经济发展会显著影响城市服务设施规划

产业经济在发展过程中离不开资金流通、物流运输以及仓储等各方面的服务，因此在城市规划过程中便应该基于产业经济发展特点从整个城市层面进行整体规划、统筹设计，为产业发展提供服务便利。在过去通常认为资金流通、物流运输等服务属于第三产业范畴，因此这些服务设施主要是在第三产业发展过程中不断建立和完善的。但是随着社会经济的不断发展以及社会分工的不断细化，产业经济对于服务设施的需求更加突出，有必要在城市设施规划中对服务设施进行统一考虑。为了给产业经济创造更好的发展条件，实现产业经济的高质量发展，城市在规划过程中需要对服务设施建设进行深入思考。同时产业经济在发展过程中也会带动周边服务设施的进一步完善，对城市服务设施建设产生反馈性影响。

三、产业经济发展与城市规划协同发展策略

通过上述分析，可知产业经济发展与城市规划之间存在相互作用、相互促进的紧密关系。需要注意的是，城市整体规划是产业经济发展的重要基础，只有科学合理地进行城市规划才能够更好地促进产业经济的高质量发展。城市产业经济包括第一产业经济、第二产业经济和第三产业经济，城市产业经济高质量发展表现为三种产业经济之间的协同有效发展。虽然不同城市在三种产业经济占比方面存在明显的差异，但是其在产业经济高质量发展方面存在共同的需求。如何显著提升产业经济发展优势，必须将其与城市规划进行统筹考虑，从两者协同发展的方面进行探索。

（一）积极推动第一产业的绿色环保可持续发展

农业虽然在我国产业经济体系中占比较低，但是其是我国国民经济体系建设的基础，直接关系到人民群众最根本的物质需求。近些年，在我国社会主义新农村建设过程中，国家对"三农"问题表示出了非常高的关注程度，并且出台了多种政策和措施来积极推动第一产业的发展。但是随着我国城镇化进程的不断加快，在部分地区出现了城市规划进入农村地区的情况，占用了农村地区的土地以及其他自然资源，甚至造成了农村地区生态环境污染，在一定程度上给第一产业发展带来了负面影响。这就要求在城市经济发展过程中，不能过度地进行城市的扩张发展，需要合理控制城市经济与农村经济的比例，实现城市经济发展与农村经济发展并重。同时，在城市产业经济发展中应该坚持绿色环保可持续发展理念，在城市规划中不能只关注产业经济的提升而降低农业占

比，否则可能导致城市整体发展受阻，反过来又限制产业经济发展。可持续发展是我国的一项基本国策，在现代城市规划中应该得到充分体现，从而为第一产业发展创造良好条件。

（二）为工业化产业调整提供充分的城市新空间

在新时代背景下，我国社会经济环境已经发生了明显变化，传统的工业发展模式已经难以满足新时代背景下进一步高质量发展的需求。因此，为了提升工业经济发展活力，工业化产业需要进行必要的改革。针对这种情况，城市在进行规划时应该充分考虑，深入分析当地工业化产业结构调整的原因和方向，并采取有针对性的应对措施，有效针对工业化产业结构调整的重大变化。目前世界经济格局正在重塑，国内经济发展形势也在持续发生变化，这给城市规划带来了严峻挑战。因此，一定要加强对城市规划的重视程度，在城市规划的过程中不断创新思路和模式，特别是准确把握第二产业的发展特点以及发展方向，确保城市发展规划的科学性。比如，对于部分污染性产业，在城市规划中需要考虑生态环保问题，加大对污染性产业的治理力度，实现城市经济的绿色可持续发展。

（三）对第三产业规划布局进行重组

随着第三产业在我国产业经济中的占比不断提升，各个城市对第三产业发展的重视程度也不断提高，第三产业发展已经成为各个城市规划中的重点内容。目前，很多城市均将第三产业规划在城市的中心区域，包括金融、信息、旅游、教育、文化、医疗等，通过发掘第三产业的巨大潜力来为城市经济发展注入新动力。为了更好地促进城市第三产业经济发展，有必要对城市整体规划进行调整，优化城市中心经济结构，对城市产业经济发展进行引导。需要注意的是，在对第三产业规划布局进行重组时需要对第三产业的土地利用需求进行合理分析，克服当前第三产业在发展过程中所面临的计算局限，通过充分运用大数据、云计算、人工智能等新技术，准确把握当地居民对第三产业的发展需求，促使第三产业能够更好地服务于当地居民的工作和生活，并在此基础上获得高质量发展。

总之，产业经济发展是现代城市建设的重要内容，直接影响城市发展质量；同时城市整体规划也对产业经济发展具有显著影响，科学合理的城市规划可以为产业经济发展创造良好的条件，为产业经济发展持续注入发展活力。因此，在城市经济发展中，需要基于产业经济类型特点对城市规划进行合理设计，充分发挥城市规划对于产业经济发展的促进作用。同时，产业经济发展与城市规划之间是相互促进的关系，产业经济发展也会反过来促进城市规划不断优化和完善。特别需要注意的是，在绿色可持续发展理念以及高质量发展的大背景下，城市规划需要准确把握第一产业、第二产业和第三产业的特点，在此基础上实现城市规划与产业经济发展之间的有效结合，从而更好地实现产业经济与城市规划之间的协同发展。

第三章 城市区域与区域经济发展

第一节 城市区域概述

一、城市区域相关概念界定

目前，城市区域的称谓比较混乱，在学术界也说法不一，因此有必要对一些称谓作出界定，虽然大家的认识不一定能完全一致，但起码对一些称谓所说的内容和含义要搞清楚，这样，在讨论问题时才有共同的语言。

（一）城市群

在主要核心城市周围，集聚了不同类型、规模的城市，形成与核心城市保持较密切联系的城市群体，称为城市群，如沪宁杭城市群、长株潭城市群。城市群可涵盖城市集聚带。城市群包括多大范围和多少城市并没有一个明确的标准，有较大的任意性。

（二）城镇密集地区

城镇密集地区基本与城市群是一个意思，其区别在于：城市群的重点是城市，重视城镇之间的联系；城镇密集地区的重点是区域，除重视城镇之间的联系外，还要考虑城乡之间的联系。不能把城市群理解为高等级层次上的城镇密集地区。城镇密集地区包括多大范围和多少城镇也没有一个明确的标准，也有较大的任意性。

（三）都市区

都市区，又称大都市区，是指一个以大（中）城市为中心，将外围与其联系密切的工业化和城镇化水平较高的县、市共同组成的区域，内含众多的城镇和大片半城镇化或城乡一体化地域。如果其中心城市人口规模大于一百万，则可称大都市区，也可由若干个大中城市作为中心共同组成大都市区，如长株潭组合型大都市区。都市区不一定是一个完整的一级行政区，它可能大于市域范围，也可能小于市域范围，它强调的是与中心城市有密切的日常社会经济联系，有较高的非农化和城市化水平，要有协调内部建设的某种机制。

（四）都市连绵区

都市连绵区，又称都市连绵带，城镇化的不断发展，会使原来彼此分离的若干都市区逐渐在更大范围内连成一片，形成巨型的城市功能地域，如珠三角和长三角已可称为都市连绵区。都市连绵区一般是国家的经济核心区，并不是任何经济相对发达的城镇密集的地方都可以称为都市连绵区。

此外，不宜将都市连绵区说成城市连绵区，因为用城市连绵区容易给人造成城市建成区都连成一片的误解。

（五）都市圈

"都市圈"一词在日本使用较广，其范围很难界定，相当于城市经济区的概念。在国内一些都市圈规划中，都市圈的内涵模糊，范围界定不清，前后出现矛盾，因此不建议使用这个概念。

在此，我们可以把城市区域的概念界定为：非农业人口集聚的城市建成区与其具有内在的、广泛的经济及社会联系的城乡地区之间，在生产要素的集聚与扩散中，形成以中心城市为依托，在生产、流通等方面紧密联系、互相协作、内部具有很强经济集聚性的经济综合体。

二、城市区域的类型

城市区域分为三个层次：①基本区，县级市及其影响区域；②中等城市区域，相当于都市区；③大城市区域，相当于都市连绵区，以某一大城市为中心，由若干都市区形成的具有紧密的社会及经济联系的经济区域。城市区域强调区域的中心城市对其腹地的增长极作用，其实质是以此增长极为中心形成一个区域经济集团，即以一个或多个大城市为龙头来带动一大批城市及周围农村发展。这样的区域具有经济区的性质，其范围可辨却又比较模糊。

城市区域根据区域内中心城市是一个还是多个又分为两种类型：单一型城市区域和复合型城市区域。

（一）单一型城市区域

单一型城市区域是指城市本身就是一个区域。一个行政上独立的城市，一般可以分为市中心区、市建成区和市郊区三个层次。在我国，"市区"的概念一般包括这三个层次。在"市管县"体制产生后，又产生了大于"市区"的概念，称包括市管的县在内的区域为"全市"。由于考虑到城市外部的经济联系，有时又突破行政区域的范围，产生了以城市为中心的经济区的概念。单一型城市区域的发展既表现在城区半径的扩大，也表现在城市群的组合，它是在一定的地理空间条件下，生产力发展的必然。以英国伦敦市的发展为例，最早的伦敦是"伦敦城"。后来在伦敦城周围发展的12个区，被称为内伦敦，面积为200多平方英里（1平方英里=2.59平方千米），半径在8英里（1英里=1.61千米）以内。随着城市经济的发展和人口的增加，这样范围的市区于20世纪初开始被突破。到1938年伦敦向郊区蔓延的范围达到了大约离市中心12～16英里，当时英国人以为这就是伦敦的"永久性"范围了，英国议会制定了《绿带法》，把扩大了的市区包围起来，以防止城市的进一步扩大。后来，这个新市区很快建成，除原有的"伦敦城"外，分设 32 个区，官方称为"大伦敦组合城市"（简称"大伦敦"）。第二次世界大战以后，伦敦还在继续扩张，其整个发展过程体现了城市人口先集中、后分散和边集中、边分散的特点和规律性。

（二）复合型城市区域

复合型城市区域就是在一个地区或国家内，由若干地理上毗邻的城市及其腹地形成的城市区域。由于城市集中性发展之后的循序性扩散与跳跃式扩散，使许多原来不相干的和联系很少的城市逐渐产生了越来越密切的联系，甚至在一个地区或一个国家内，所有城市都连成为一体。原来作为个体形式存在的社会有机体，现在作为复合形式的社会有机体存在了，如同原来是单细胞生物，现在变成了多细胞和更高级的生物一样。现在任何一个个体城市区域系统，都变成了宏观城市区域系统中的一个子系统。

三、城市区域的结构特征

根据上述城市区域内涵，我们不难看出，城市区域是在商品生产发展过程中客观形成的地域经济单元，是建立在劳动地域分工基础上，拥有体现区域优势的地区专门化与具有区域特色的综合发展相结合的地区产业结构，由具有较强凝聚力和辐射力的中心城市（群）及与其紧密联系的腹地范围所组成的不同等级、各具特色的网络型地域经济体系。由此，可以把城市区域的结构特征概括如下：

（一）经济中心

每个城市区域都拥有一定规模和水平的经济中心，并将其作为全区经济的核心，这种经济中心通常为区内综合性的大城市或特大城市，也可以是规模相当的城市群。经济中心的规模大小、发展水平和特色，决定着经济区的发展水平、产业结构及在全国劳动地域分工中的地位和作用，同时也决定着城市区域的腹地范围。

（二）经济联系

城市区域的形成是以紧密的经济联系为前提的，一方面，城市区域内组成区域经济整体的各个产业部门之间要建立起彼此有机联系、相互协调促进的产业结构关系；另一方面，组成城市区域的各个地区之间，在扬长避短、发挥优势的基础上，建立起分工协作、横向联系的地域结构关系。城市区域内的经济联系表现为各种交通线、动力线及通信线等所组成的联系网络。

（三）产业结构

每个城市区域都具有较为完整的产业结构体系，包括：在充分发挥地区优势基础上形成的在全国劳动地域分工中承担一定任务的专业化生产部门；为专业化生产部门提供原材料、燃料或配套协作的辅助性生产部门；为当地居民提供日常消费品，增加地方税收，但对本区在全国劳动地域分工中的地位和作用不产生直接影响的自给性生产部门；为全区各产业部门和居民服务的基础性生产部门，包括供电、供水、供热、交通通信等在内的基础设施。专业化生产部门与这些协作配套、综合发展部门相互联系，从而体现区域特色。

（四）腹地范围

每个城市区域都具有一定的地理界线，有相当幅员的地域作为其发育、成长的必要场所，既包括在这一区域内的自然资源、劳动力与技术资源、生产性与社会性基础设施等物质要素，也包括各产业部门在空间上的组合与投影，即地域结构。

第二节　城市区域的形成与发展

一、城市区域的形成机制

美国学者弗里德曼（Milton Friedman）认为，城市群的形成与发展可分为工业化以前的农业社会、工业化初期、工业化成熟期、工业化后期等四个阶段。我国有学者将城市群的发展阶段分为城市区域阶段、城市群阶段、城市群组阶段、大都市带阶段等四个阶段；也有学者认为城市群空间的形成和扩展经历了多中心孤立城镇膨胀阶段、城市空间定向蔓生阶段、城市间的向心与离心扩展阶段和城市连绵区内的复合式扩展阶段等四个阶段。尽管以上观点对城市群发展阶段的划分存在一定的差异，但也有共同点，即：城市群的发展必然是由低级到高级的逐步演进过程；城市群内部城市之间的关系由松散的关联发展到紧密的联系；城市群内部城镇之间的分工合作由不成熟逐渐走向成熟，最终形成合理的劳动地域分工体系，城市区域化不断趋于完善。在城市区域化的现象背后，城市区域形成的动力机制如下：

（一）产业集聚效应的驱动

在工业化的初期、中期，一些铁矿、煤炭、石油等资源蕴藏量丰富的区域依托当地丰富的资源发展重化工工业和能源工业，伴随着区域资源开发、基础设施建设、生产设施及其配套设施建设，同时发展了其上下游产业及相应的服务性产业；在集聚效应的作用下，不同等级规模的生产相同或类似产品的企业在某一区域大量集聚，受产业集聚的推动，在该区域内形成城镇密集区，区内城镇之间在区域经济发展的过程中通过产业关联或其他方式逐渐建立了密切的联系并形成了合理的劳动地域分工体系，最终形成城市区域，如德国鲁尔区城市区域、我国的辽中南城市区域和珠江三角洲城市区域。

德国的鲁尔区有世界上著名的优质煤田（欧共体最大的煤田）和丰富的铁矿资源，借助这一优势，它建立起了强大的钢铁工业和能源工业，并发展了相应的前后向配套产业，如化学工业、机械机器和汽车制造、电力机械制造、稀有金属工业和电气工业，受规模经济的驱动形成了世界上著名的重工业基地。鲁尔区在工业化潮流下借助其强大经济实力的推动形成了世界上著名的城市区域。

我国辽中南城市区域和珠江三角洲城市区域的形成和国外城市区域的形成有所不同，我国的工业化是在政府的宏观调控下进行的。政府对工业化的宏观调控可分为改革开放前计划经济条件下的指令性行为（政府通过指令性计划决定区域的资源开发序列和产业布局而影响区域工业化进程）和改革开放后政府宏观调控下的指令性和引导性相结合的行为（政府通过一系列的区域政策影响区域工业化进程）两种，辽中南城市区域的形成经历了我国工业化的上述两个时期。辽宁中南部地区蕴藏有丰富的煤、铁、石油等资源，通过对当地资源的开发，在这一区域布局了大量的煤炭、钢铁、石油化工等重工业及其他上下游的配套产业，加上发达的、密集分布的铁路交通网络的作用，大量的能源工业、钢铁工业及其上下游产业在沿长（春）大（连）铁路线的辽宁省的中南部集聚，由此兴起了一批密集分布的工业城镇，这些城镇之间由于地域劳动分工而具有密切的联系，最终形成了辽中南城市区域。

珠江三角洲城市区域是在 1978 年国家实行改革开放之后形成的。在国家优惠政策的直接推动下，以加工工业为主的各种产业迅速在珠江三角洲地区集聚，珠江三角洲的经济呈现快速发展之势，城市化进程加速进行，在这一地区涌现了一大批大、中、小城镇，它们之间分工明确、联系紧密，从而形成了城镇高度密集的城市区域。

此外，产业集聚对长江三角洲城市区域、京津唐城市区域等的形成也具有巨大的推动作用。

（二）产业扩散效应的驱动

随着技术和社会经济的不断发展，在城市化的过程中，由于集聚效应的作用，城市规模不断膨胀，产业迅速集中，并进一步促进了人口的大量集中，从而不可避免地会产生许多城市问题和社会问题，城市产业扩散是解决这些问题的一个重要措施。产业扩散的结果是在一个特大（大）城市周围，形成若干个中小城镇，这些城镇之间由于存在着密切的产业关联（或劳动地域分工联系）而联系紧密，最终以这一特大（大）城市为核心形成城市区域（或者都市圈）。

产业扩散可分为两种形式：主动扩散和被动扩散。产业主动扩散一般是在官方或半官方机构的组织协调下进行的，韩国的首尔城市圈的形成就是一个典型。首尔经过较长时间的快速发展之后，规模迅速膨胀，为了防止由于其规模的过度膨胀而产生的一系列问题，韩国政府从20世纪70年代开始制定一系列措施进行产业扩散，引导向外分散的企业和人口以及向首都圈集中的企业和人口，主要沿京仁高速公路和京釜高速公路向西、向南转移，在一系列具有密切联系的中小城镇兴起后，形成了首尔城市圈。在中国，长江三角洲城市区域的核心——上海积极调整自己的产业结构，大力发展第三产业，向外围城镇扩散第二产业，促进周围城镇的发展，密切城镇之间的联系，促进了长江三角洲城市区域的形成与发展。产业被动扩散是当城市中产业集聚膨胀到一定程度而导致集聚不经济时开始的。同样，产业被动扩散导致了一批卫星城镇和一些中小城镇的兴起，从而最终形成大都市圈或城市区域，如在美国五大湖区城市区域、欧洲西部城市区域形成的过程中，被动扩散就起到了很大的驱动作用。当然，在城市区域形成的过程之中，被动扩散和主动扩散经常同时存在，同时进行。

（三）区域网络化组织发展的驱动

区域内的网络化组织包括由交通运输、通信电力等物质性线路组成的物质性网络和由市场中各种要素资源流动形成的非物质性网络两种。

物质性网络组织对城市区域形成的促进作用可以分为两种情形。在工业化发展的初期和中期，一些港口城市，凭借其发达的交通运输网络发展如石油、化工、钢铁工业等传统产业，大量的不同规模的产业包括其配套产业、前后相关联产业和服务产业由于集聚效应的作用而在某一区域集聚，导致了区域大批城镇的迅速发展，这些城镇之间存在着紧密的联系而最终形成城市区域。例如，美国大西洋沿岸或五大湖区重要的港口城市波士顿、费城、纽约、巴尔的摩等城市凭借便利的交通运输条件形成，并最终借助这一便利的交通运输网络而形成了波士顿—华盛顿大都市连绵带。另外一种情形是相互邻近的城镇之间，通过空间相互作用而逐渐形成由铁路、公路、管道、通信线路、电力等各种线路形成的物质性网络组织，借助现代化的网络组织，各城市之间既可以沿相应的轴线进行产业布局，又可以开展分工合作，增加区域城镇之间的相互联系，形成各具特色的劳动地域分工体系，最终形成城市区域，如长江三角洲城市区域的进一步发展。在新中国成立之前，特别是在封建社会时期，众多中小城镇都是依水而建、依水而兴的，区内一些大中城市包括上海、南京等都是凭借优越的交通运输区位而迅速发展起来的。新中国成立以后，交通运输网络更是区域内各个城市之间相互联系的纽带，它对城市区域的形成和发展起到了巨大的促进作用。

城镇是区域的商业中心，反过来，要素资源市场的发展又促进了城镇的形成和进一步发展，这样，依托要素资源市场可以形成众多不同等级规模的城镇。市场中各种要素资源的流动形成了复杂的非物质性网络，借助复杂的市场网络将区域内密集分布、紧密联系、分工合作的城镇相联结而形成城市区域，非物质性网络对长江三角洲城市区域的形成具有巨大的促进作用。早在明清时期，长江三角洲商品经济就进入了较快的发展时期，逐渐培育了发达的市场体系，促进了小城镇的空前繁盛，不同等级的城镇之间通过这种发达的市场网络初步形成城镇群。近现代商业的发展使得城镇之间的网络联系深入到生产资料市场、劳动力市场、资本市场及技术信息市场，区域城镇网络发育良好，城镇规模进一步扩大，区域城镇之间的分工更加合理、联系更加紧密，长江三角洲城市区域发展更趋成熟。

（四）企业区位选择行为的驱动

在市场经济条件下，在资源配置中起关键作用的是市场机制。企业是经济社会最基本的生产单元，企业的行为选择对城市人口分布和城市空间布局的发展具有重要作用，从这个角度而言，城市之间的空间相互作用源于企业。企业通过对诸如区域政策、劳动力、技术、生态环境等投资环境分析之后决定其区位指向，大量企业共同的区位指向直接影响城镇的兴起和发展，并会进一步影响城镇之间的相互联系程度和城市化区域的发展。如果大量的企业向某一区域集聚，就会在集聚效应和扩散效应的作用下，驱使区域经济快速发展，从而使区域城市化进程加快，使大批的城镇在这一区域形成、发展、集聚，最终促使城市区域的形成，如韩国的首尔大城市圈和我国的珠江三角洲城市区域。韩国政府为了防止首尔的过度膨胀而制定了一系列产业扩散政策，大量准备向首尔集聚的企业和首尔内部的企业通过综合评定之后，沿着京仁高速公路和京釜高速公路进行扩散布局，从而最终形成了首尔城市圈。改革开放以来，我国在资金和政策方面对珠江三角洲予以支持，受这些有利的投资环境的驱动，大量企业迅速在珠江三角洲地区形成、集聚，珠江三角洲的区域经济迅速发展，城市化进程加速，新形成了深圳、珠海、中山、佛山、东莞等大中城市和数量众多的小城镇，众多的城镇之间相互分工合作、联系密切，最终导致了珠江三角洲城市区域的形成。当然，随着我国企业产权制度和管理体制改革的不断完善，企业区位选择的自由度会越来越大，企业区位选择行为对城市区域形成的驱动效应也会越来越大。

（五）政府宏观调控行为的驱动

政府对城市化的宏观调控行为分为引导性行为和强化性行为两种。政府的引导性行为是指政府通过对区位环境和政策环境如相关政策制定、基础设施建设、人才培养等投资软硬环境的改革和完善对城市发展施加影响。实行引导性行为的政府主体包括可能形成城市区域的几乎所有城市的政府（含有核心城市的政府），或者至少是未来的城市区域内部的核心城市的政府。他们通过产业政策或者其他相关政策引导企业的区位选择，共同制定相应的协调机制以协调城市之间产业的布局，城市的发展与布局，城市交通运输、电力通信等线状网络组织的建设等活动，从而促使城市区域的形成；或者通过核心城市的产业政策及其他配套政策、基础设施的建设等活动最终促使相邻城市集结成群。

政府的强化性行为是指通过行政管理手段决定城镇的设立及其区位，行政主管部门参与城市区域的组成与管理，通过城市区域内部同等级别的城镇政府部门或官方性质的机构来组织和协调城市区域的内部事务等。在区域城市化过程中，通过政府部门的组织、协调与推进，一些条件较好的城镇密集区发展成城市区域，如长株潭城市区域和长江三角洲城市区域。明清时期，政府在长江三角洲地区通过行政手段决定了城镇的设立、等级规模，甚至通过对城镇隶属关系的划分直接影响城镇之间的联系，从而使长江三角洲城市区域在明清时期就已具雏形。通过长沙、株洲、湘潭三市政府的组织与协调，长株潭城市区域已经初步形成，并在全国较早进行城市区域的整体规划，目前正在着手长株潭城市一体化、经济一体化、交通通信一体化、环保一体化等方面的论证、规划、实施。

（六）城市功能集聚与扩散的驱动

城市功能集聚与扩散是城市化发展的结果。在城市发展的初期往往以少数几个功能为主，如政治或者军事功能，随着城市的发展，其功能不断增多，即为城市功能的集聚。城市功能的集聚要求有与之相适应的城市空间来适应，当原来的空间容量达到极限时，其功能会向城市的近远郊区和临近的城市扩散，即为城市功能的扩散。城市功能集聚与扩散会促使城市的发展、新城镇的出现乃至城镇密集区的形成，最终可能形成城市区域，日本东京都市圈的形成就是一个很好的例证。日本东京在产业革命前主要是单纯的政治性城市，伴随着产业革命中的资本、人口及以四大财阀为首的企业中央管理功能向东京集中，在城市功能集聚的过程中，商业和商务职能的集聚以及在空间上的扩展最为典型，商业和商务职能的发展与集中要求有与之相应的城市空间来容纳。当东京的原有商务和商业中心（丸之内地区、银座地区）的容量达到极限时，商业和商务功能开始向相邻近的中央三区（中央区、千代区、港区）以及信宿、池袋、涩谷等山手线（环状铁路线）沿线城市副中心地区扩散。商业、商务地区的扩大又迫使住宅功能转向半径 10～15 千米之外的城市周边地区及远郊地区，城市用地范围进一步扩大，最后大约占全国 1/4 的人口与国家的政治、经济、文化以及部分国际金融职能全部集中在东京及其邻近城市，东京都市圈形成。

需要注意的是，不同的国家，不同的政治、经济、管理体制，不同的发展阶段，城市区域形成发展的动力机制各不相同，一个城市区域的形成往往是几种动力机制共同作用的结果，同一机制在不同的区域、不同的发展阶段也有不同的外在表现。此外，国外城市区域的形成是在区域城市化水平发展到一定程度，形成城市区域的条件成熟时自然发展而成的；而我国大多数城市区域的形成则是在其条件还不太成熟时，通过如政府等外部因素的促进而形成的。从现实情况考虑，我国的这种做法无疑是切实可行的。

二、城市区域的协调发展

（一）城市竞争与合作

1. 城市竞争

在市场经济体制下，城市成为利益主体，城市竞争成为必然趋势。在发展之初，城市之间的竞争主要表现为"行政区经济大战"、市场分割、地区封锁、无序竞争。在经济发展阶段处于市场短缺时期时，短缺资源被禁止向行政区外流动，各个城市封锁本地商品市场，同时着力于增强本地生产能力，这往往导致产业同构、重复建设局面的形成。向外，鼓励争取短缺资源流入，挤占外地市场空间；向内，则大肆"跑部钱进"，要政策、要资源、要项目。对外，在给予外资"优惠政策"方面进行竞争，争夺外贸权等；对内，则直接交往权利，"开发区热"即是代表。与对外方面的封锁互为表里的是城市建设、城市自身经营方面的错误理论与实践：在"城市是经济的重要载体"方面认识不到位，城市建设相对落后的局面一直没有得到扭转，"城""市"不相匹配，人为造城以及城市建设完全由财政筹集的方式，束缚了城市的正常发展；以人为降低土地价格、减免税收与其他费用等途径增加资本的回报率，不仅将损害城市的长期利益，也成为各城市之间恶性竞争并导致全面的"行政区经济大战"的根源之一。

2.城市合作

随着市场经济的深化和拓展，全国逐渐接近统一市场，城市之间以互利合作的方式逐渐互相开放，区域内城市在理性博弈、有序竞争的基础上开始了合作。在已形成全国统一大市场的前提下，经过各个相关城市之间的长期竞合，形成若干内部相互开放的城市区域体系。在城市区域体系内部，基本突破了行政区的限制，城市之间进行了合理的分工合作，形成了完整的有竞争力的产业体系、公共基础设施，既与世界经济和全国市场有开放的联系，又有相当程度的区域特色。在各个一体化城市区域之间，也逐渐形成有分工合作的竞合关系，形成共同发展、各具特色的格局。各个城市、城市竞合区域打破低水平"闭关锁国"的格局，有机地融入国家经济体系、世界经济体系，使城市的发展进入了城市区域一体化阶段。

城市的发展，既有相互竞争的一面，又有相互合作的一面，这种既竞争又合作的关系，是21世纪城市发展的一个重要特征。城市之间不断交流与合作，各自发挥自己的优势，弥补自己的不足，这是劳动地域分工和优势互补的需要。在充满活力的21世纪，城市间的合作不仅是一定地域或国家内部城市之间的合作，还应广泛开展国际城市之间的合作。

（二）城市区域协调发展的意义

城市一般都具有较强的专业化功能。不同城市在区域中的定位与作用不同，这就决定了其发展的重点也各有区别。按照劳动地域分工的原则，城市之间客观上需要信息、资金、人才、技术等生产要素的频繁流动，以实现各城市之间的优势互补。城市又是一个开放系统，它与邻近的区域和城镇有着密切的联系，每个城市都是区域经济的一个重要组成部分，城市之间和城市与区域之间相互构成一个比较完整的有机整体，任何一个城市的要素变化都会对相关城市产生影响，因此城市的发展不能仅限于单体城市，而应考虑到与相关城市的互动关系。随着我国城市区域化的逐步升级，分工和交易范围将不断扩大，不同区域之间专业化知识会越来越多，在区际利益矛盾冲突激烈或需要共同合作兴建项目时，一般就需要相关的利益主体进行协商讨论并形成共同协议。所以，城市区域协调发展是我国城市区域化发展的新要求。

城市区域协调发展意味着区域内部城市间"协同共赢"理念的不断加强、协调组织机制的不断完善和城市区域内统一市场的建立。协调发展的结果一方面便于集中人力、物力、财力，选择重点，制定统一的计划和协调措施，避免重复投资；另一方面为企业在区域中配置其功能提供了条件，减少了企业异地拓展的成本和风险。总之，城市区域协调发展通过基础设施衔接配套、要素资源共享、产业分工合作，最终将形成所在区域在更大范围竞争中的整体实力。同时，随着区域内城市之间联系的日益密切，各城市必然会对它们之间的郊区、农村溢出物质和能量，从而为这些地区带来发展机遇，带动整个区域经济的增长。

（三）城市区域协调发展的障碍

城市经济既是区域经济中最具活力的部分，也是其中最复杂的部分。城市经济的复杂性主要表现为城市之间在行政、经济、文化等诸多关系上交错繁杂的局面，以及城市本身发展的空间经济性。这在一定程度上制约了各城市在资源禀赋、发展条件、交通设施等多方面的优势互补。再加上特定的制度背景，愈发使各种发展关系变得难以整合，并伴生一些问题。以中国的国情为背景，城市区域协调发展的障碍主要有三个方面：

一是现行国民经济核算体系和财政税收制度的制约。城市经济最主要的特征就是开放性，而城市经济增长的内在机制本身就要求有开放的域外市场。没有要素、产品、资金的自由流动，城市就没有了存在的意义，城市经济增长也就成了无源之水。目前通行的GDP（国内生产总值）统计框架，是以产值发生地域为单位的统计经济增长和实施财政税收的模式。在这种模式下，部分城市实行画地为牢式的"诸侯经济"，把各种可能的经济增长点拴在本行政区划内，客观上增加了城市管理者奉行行政区经济的冲动。改革开放以来，我国各地区间壁垒高筑、资源封锁、重复建设、市场分割等现象，就是这种无序竞争的具体表现。

二是城市发展动力的同质性。由于在分割的市场上要素的价格不是真实的市场价格，从而不同规模城市的土地成本和劳动力成本没有区别，结果使真正的比较优势无从显现。这就导致各城市竞相发展同类产业。有资料表明，在长江三角洲15个城市中，有8个城市选择石油化工业，有12个城市选择通信产业作为支柱产业。绝大部分城市之间的差别只是规模上的，在产业结构上极其相似。由此而产生的同质性使各地发展失去了差异与分工。没有差异就没有互补，没有分工就没有合作，没有专业化协作就没有一体化。因主观意志而造成的产业结构和发展目标的趋同，使城市合作失去了市场需求的根基。

三是部分城市管理者非理性的政绩意识。由于城市政府的经济管理权力和责任仍主要依附和匹配于其政治地位，因此在政治规则之下，以大型项目开发和各类排行榜为指引的各类政绩工程，不是从市场需求和科学论证出发，而是通过各种手段，把促进他们任期内本地经济快速增长作为"理性"的选择。在追求该目标的过程中，往往发生贪大求洋、相互攀比、重复建设行为，在市场规则和行政干预、长远发展和眼前利益的碰撞中，最终牺牲长远利益和市场规则。

（四）促进城市区域协调发展的对策

要克服上述障碍，必须在政策和制度层面进行一系列改革与创新。

第一，要改革 GDP 体制和财税体制。城市合作在微观上主要应按照市场经济原则，通过市场自身的力量实现企业之间的分工与协作，实现资源的优化配置。所以，财经管理制度应适应这一要求，将经济增长的统计框架由单一的 GDP 体制变为 GDP 与 GNP 双轨制，将属地原则的财政税收制改为更为灵活的属地和异地并存的税制。这样就会鼓励经济主体跨区域合作与合资，鼓励中心城市的产业实现异地发展，进而推动要素资源按市场需求而不是按行政需求实现跨区域整合。

第二，要建立城市区域共同市场。通过市场自身的力量实现企业之间的分工与协作，实现资源的优化配置，是城市合作的根本机制。当前重中之重是建立和完善城市区域内统一、开放、有序的大市场，使区域内各种经济资源充分转动起来，通过市场机制的引导增进整个城市区域经济布局的合理性。就像城市化是一个自然历史过程一样，区域共同市场的发展与成熟也是一个自然历史过程。然而在中国行政经济条件下，这个过程的实现还需要各省市政府根据各区域利益与各省市利益相统一的原则，采取一定的政策措施加以引导和推进，要打破地方壁垒，大力整顿区域内市场竞争秩序，营造一个诚信和公平的市场环境，为城市间互利互惠打下良好的基础。

第三，要构建城市间的利益协调机构。基于中国的现实国情，如何超脱于法定行政区划边界来综合考虑经济区域的组织和管理，是区域经济研究和公共管理研究的崭新视角。建立并完善城市政府之间的组织协调机制和产业领域管理部门之间的沟通交流机制，应是我国城市合作发展中的当务之急。在这个课题上，国内外的相关实践具有重要的参考价值。

我国有着较为完善的垂直管理体系，可以在借鉴国外成功经验的基础上，结合自身国情建立多层次的经济区域公共管理战略联盟，如区域开发联盟、城际公共物品生产与运营联盟、多重事业联盟以及协会形式的多个政府机构之间的多部门的合作联盟，这些跨城市的合作组织或联盟的建立，将为区域内产业协调发展、基础设施衔接布局和各项社会事业的发展提供整体性规划并进行区域内发展政策和发展路径的协调。

（五）城市区域协调发展的组织与建设

在国外城市区域发展过程中，政府间的合作非常普遍。目前，区域性合作机构达到了200多个，其研究的对象也非常广泛，涉及如何重构大城市区域管治、建立完善的城市区域管理制度性框架、制定大都市区战略规划以及区域非政府组织发展等问题。譬如，美国早在1966年就成立了南加州政府协会，管辖范围涉及6个县、188个城市、1 600万人口、3.8万平方英里的区域。辖区内城市是否参加协会完全自愿。协会设有董事会，重大问题由董事会表决决定。对城市区域内交通、环保、电力等问题可由各城市的专业部门联合组建相应的合作机构进行协作。1998年末，在美国，一个由加里、哈曼和东芝加哥组成的地区协会得到了管理本地区的授权，有资格在今后10年内进行免税的证券交易等。近年来，在华盛顿城市区域，都市区委员会成立，对区域内事关全局的重大问题进行协调。在美国，大都市区域规划机构接受政府的拨款，同时也要承担起协调区域内数百个城镇的发展规划，其本身要向公众开放，接受公众监督。大都市区的区域管治体现在通过政府及其规划机构、非政府组织、个人等之间的互动，来协调大都市区域内部及各个行为主体之间的关系，以此达到促进大都市区持续协调发展的目的。德国柏林为促进中心城市与周边地区协调发展，在协商基础上通过了柏林及勃兰登堡整个地区协调发展的战略方案，以及大都市区的发展方案，将柏林和勃兰登堡作为一个整体来进行空间规划。该方案原则上是为整个地区提供均等的发展机会，以此缩小大都会、大都市区以及周边地区之间的发展差距。同时，柏林大都市区通过空间结构的规划，确立了大都市区各级重点增长区域，规划为多中心的大都市区空间结构。国外的这类组织还有如莱茵河河口局、密西西比河管理局、加州南海岸大气质量管理区管理委员会等。值得一提的是，这类组织通常具有法人资格，具备支配能力和规划能力。

国内对城市区域内市场开放、劳务流动、金融合作和基础设施建设等方面的制度改革往往以各城市政府通过多边或单边合作的方式来实现。譬如，江苏省通过实施苏锡常地区的区域供水规划，已实现了200多个乡镇的联网供水，取得了良好的社会效益和经济效益，为区域性基础设施的共建共享提供了经验借鉴。还有目前正在进行的广州、南京、宁波、杭州的概念规划（城市总体发展战略规划），可以说是切合我国当前经济发展需要的一种城市区域规划类型。它以战略性和空间性为中心，在多层次的宏观分析基础上，以城市发展目标、城市发展定位和规模、都市区空间结构模式、城市交通模型以及当地突出的产业和环境问题为重点，提出空间发展战略和结构方案，为城市政府提供发展的思路、策略、框架并作为城市总体规划编制的指导，这是我国以往城市规划中所不多见的。再如目前产生的长江三角洲市长联席会议、沪苏浙三省（市）常务副省（市）长沟通机制也是城市区域组织制度创新的良好开端。

总之，城市区域应是经济利益聚合体在空间上的表现形式，其活力在于遵循经济发展的内在要求，采取市场运作机制来进行区域整合。我国可以在借鉴国外成功经验的基础上，结合自身国情建立多层次的城市区域公共管理协调机制。当前，迫切需要建立跨城市的合作组织机构，为区域内产业协调发展、基础设施衔接布局等提供整体性规划并进行区域内政策和发展路径的协调。

第三节　我国区域经济协调发展

一、我国区域经济发展中存在的问题及影响因素

（一）我国区域经济发展中存在的问题

发展不平衡问题是目前区域经济遇到的最大困境。最先推进倾斜政策的地区是东部和南部地区，这些地区位于沿海，具有明显的地理优势，交通和贸易都比较发达。与西部地区相比，东南部地区的倾斜政策试用较早，相对来说享受到的优惠力度也更大。因此，在改革开放后不断发展的过程中，东南部地区逐渐成为我国经济发展的"领头军"，带领地方区域之间协调发展，但是在内陆地区的中西部，经济发展明显落后。

（二）我国区域经济发展的影响因素

从广泛意义上来说，区域经济获得了一定的发展，但因为地区经济发展不平衡的问题自始至终都难以解决，且随着经济发展的增速，不平衡问题也越来越突出，所以清楚意识到我国区域经济发展不平衡的影响因素是解决我国经济面临难题的首要步骤。我国区域经济发展不平衡的影响因素主要包括政策因素和地理因素。国家的经济政策通常在东南部沿海地区优先推行，内陆地区在其后实施，所以政策和地方政府干预是造成经济难以协调的重要原因。另外，地理位置是导致区域经济发展不协调的最直接的因素，东南沿海地区地势平坦，而且土壤湿度大，自然资源种类多，文化气息较浓厚，历史上也是经济活跃度比较高的区域，劳动力的素养较高，推动经济发展的氛围浓厚，因此其较内陆地区有很大的基础优势，如果不重视内陆地区的经济发展，那么发展不平衡的问题也会越来越严重。

二、我国区域经济协调发展的趋势

（一）形成区域经济一体化发展的核心

以往区域间的相互竞争是经济发展的关键要素，这种发展模式是在政府管控下进行的。而在新时代背景下，这种发展模式给各区域间的经济竞争带来很大的难度，所以说区域协调发展既是新时代的发展目标，同时也是发展途径。一体化发展将是区域经济发展的核心，如可以通过硬件一体化和软件一体化实现中国经济区域协调发展的目标。所谓硬件一体化，就是城乡区域之间交通通信等相关的基础设施实现互联状态，使公共服务满足人们的实际需要；所谓软件一体化，指的是城乡区域之间市场以及经济贸易和社会政策的相互联结，主要是产品和要素这两大市场，也是经济发展的重要动力。根据现阶段我国经济发展的状况来说，当前区域之间的不平衡发展以及不全面发展难以实现我国经济的高质量发展模式，而形成区域经济一体化发展的核心能够带动各区域之间的协同发展，对我国经济发展进入新常态具有重大意义。因此，形成一体化的区域经济发展方案，是非常必要和可行的。面对新时代，继续努力推进长三角经济地带，京津冀以及粤港澳经济区经济上的协同发展是十分必要的。

（二）转变区域之间平衡发展策略

根据最近的经济发展情况来看，中西部与东南部的经济不平衡问题已经逐渐淡化，差距正在缩小，然而地区之间的绝对差异依然存在。所以，需要打破各区域之间的相对差异发展策略，将缩小区域经济差距作为指导策略，根据区域经济的发展特点，制订新的布局方案，准确把握当前的经济趋势，如此才可将区域之间的经济差距逐步缩小，实现协调发展。政府可以在各个部门之间进行资金的合理配置，进行政策上的扶持，减少各地区之间的差距，增加区域经济之间的发展趋同。

(三)贯彻实施绿色发展理念

促进区域经济协调发展的同时，还需要考虑到对生态环境产生的影响，所以应当始终贯彻实施绿色发展理念，使经济发展与生态环境之间实现可持续发展，促进经济的健康稳步发展。一方面，我们要达到发展经济的目的；另一方面，我们又要保护好人类赖以生存的环境和自然资源，造福未来。所以现如今在获取经济增长与发展的同时，不能以牺牲未来几代人的经济福利为代价。我们既要守住"金山银山"，也要牢固树立"绿水青山"的绿色发展理念，追求经济、社会、生态三大要素协调发展理念，构建产业生态化的思路。区域的协调发展不仅包括人与自然的和谐发展，而且包括区域经济社会的协调发展。人与自然的和谐发展内容主要是资源可持续利用和环境保护。在实现区域经济协调发展的过程中，各地区的政府需要积极准确地给予干预措施，在保护生态环境的大前提下，为区域间经济协调发展开辟有利的空间，提供有实际意义的帮助。

(四)健全市场一体化发展机制

经济市场已经呈现出激烈的竞争形式，而各市场要素的自由流动对于区域经济的发展是非常重要的，因此需要对这种形式进行一体化整合，完善与此相关的制度，促进经济市场的一体化发展，确保市场一体化机制的合理性。当前，我国经济的发展方式从规模速度型转向质量效率型，发展动力转到创新驱动上来。我们应根据当前的经济发展趋势，通过健全市场一体化发展机制来促进区域之间的协调发展，促进区域经济的良性发展和增长。推进省际交界区域高质量合作发展，就是要探索建立省际交界区域一体化发展新机制，消除经济分割，推进基础设施互联互通、产业发展协作协同、生态环境共保共治和公共服务共建共享，建立统一开放的区域市场，形成促进区域协调发展的新格局。

（五）新的区域带蓄势崛起

目前，区域经济之间的发展差距有了缩减趋势，区域建设、区域经济、公共事业等方面呈现出来的差距已经没有之前那么明显，未来新的区域带将蓄势崛起，特别是具有带头作用的重要区域，会在政策的扶持下形成新的经济带、中心城市等，这些新区域的崛起会带动周边区域经济的发展。例如：推动龙头城市大力发展金融、商务、信息等高端生产性服务业，强化对本地及周边地区制造业发展的生产性服务功能；优化带头企业周围的交通基础设施和通信设备，建立以推进型企业为中心的一小时都市圈。政府可以加大力度将资金投入到产业中的关键部门，利用增长极的推动效应和产业联系出现后的效应带动全局的发展。推进型企业的发展就像磁极一样吸引周围的生产要素，并且能够形成一定的空间势力范围，对周边的地区产生影响效应。与此同时，由于重点区域的升级而产生的对边缘区域的辐射效果，能够有效促进周边区域形成联动的局面，促使城市群协调发展，这对于我国经济的平衡发展具有重要意义，可以有效推进各区域经济战略的实施。

三、我国区域经济协调发展的主要特征

（一）当前总体经济协调发展的特征

整体上来说，我国区域经济协调发展的水平已经有了很大进步，取得的成绩也非常令人满意。党中央结合我国区域经济发展的实际情况，全面推进了我国现代化经济体系建设，并且提出了"解决当前主要矛盾就是改善区域经济不平衡发展现状"的战略性决策。所以国家正在从政策上支持中西部以及东北地区的经济发展，努力缓解区域经济不协调的问题。例如，"促进中部地区的崛起"政策的推行取得了非常显著的效果，近年来中部地区经济发展速度喜人，第一产业和第三产业不断增强，产业结构优化明显，经济向外度正在不断增强，

自主创新能力得到了很大提升。而且随着经济发展，中部地区科技教育的投入逐渐增多，经济呈现出较为明显的崛起态势。这种良好的发展形势，对西部以及东北地区的发展具有一定的推动作用，从而不断促进经济协调发展。我国总体形成了较好的分工和协作，每个地区发挥了自己的优势，推动着该地区的经济发展，让我国经济发展取得了良好的局面，具备了可持续发展的条件。

（二）四大经济区域协调发展的特征

在各大政策的相继支持下，西部、中部和东北部地区经济发展取得了非常可喜的成果，但受历史和现实因素的影响，仍存在一些难以解决的问题，相比较而言，东部地区依然处于经济竞争指标不断升高的良好状态。

经过不懈的努力和发展，我国在提高经济发展的协调性方面取得了非常显著的成绩，四大经济区的发展相对比较协调，同时也保持了上升的趋势，各区域间呈现出多样化协调发展的特点。出现此种发展局面的一个重要原因就是国家政策的支持，同时也与各大区域所处的发展阶段有一定的联系。

总之，要推动各大经济区域的协调发展，必须根据区域的具体情况，制定符合区域真实状况的方针政策，与区域本身的发展特点相适应，对于不适用的经济制度要及时进行调整或删除，力求制定出符合区域经济发展的经济制度。在规划上，一定要对各个区域进行统一合理的划分，不能破坏其中的协调性，从而促使区域内部的经济实现协调发展。此外，需要不断创新和改革空间组织战略，对于当前各个区域中的中坚组织战略，需要不断进行审查，确保其合理性，对于不符合实际的战略，则应当及时停止实施或重新改动，确保实现一体化的、均衡的区域经济。只有不断根据实际态势和特点，对制度、战略等进行调整，才可以有效弥补区域经济协调发展过程中存在的不足之处，只有对不合适的成分进行舍弃，才可以创建合理的、符合实际的新的发展策略和发展理念，从而完善当前区域经济的协调发展措施，促进区域经济的协调发展，保证经济发展的活力，最终实现可持续发展。

第四节　城市群建设的必然性及其对区域经济协同发展的影响

"十四五"规划提出，优化国土空间布局，合理确定城市规模、人口密度、空间结构，做到区域协同，形成区域经济协同发展。随着经济的进一步发展，要推动我国经济高质量发展，必须着力推进城乡融合和区域协调发展。为高效率、高质量发展区域经济，城市群建设成为首选战略。

目前，我国自然资源、人口、社会基础设施等方面在各区域分布不均衡，各区域之间存在发展不平衡的问题。针对这一问题，政府提出了推动形成优势互补、高质量发展的区域经济布局，中心城市和城市群已经成为承载发展空间形式的主体要素，只有加强空间联合，以合理分工和优化发展的方式来推进区域发展战略，才能进一步促进区域协调发展。在下一阶段的经济发展中，要进一步以中心城市和城市群作为主要承载空间促进区域间要素流动，形成优势互补，推动经济高质量发展。

随着经济的发展，我国已经步入高质量经济发展阶段，此时单个城市自我发展的模式已经不能满足当前社会经济发展的需求，要推动发展就需要寻找新的发展路径和模式来带动整个区域经济的协同发展。在这一背景下，通过布局城市群建设来提升区域空间的整体承载力并带动区域经济协同发展就成为我国的必然选择。随着经济的进一步发展，地域相邻的多个城市集合所形成的城市群，成为推进国家区域经济协调发展的主要途径，同时也将成为推进中国式现代化经济高质量发展的重要驱动力。城市群就是以经济相对较发达的城市为核心，向周边城乡镇村辐射，主要依托相应的自然环境、人文环境，建设相对完备的交通、网络通信等基础设施，形成在空间范围上紧凑，在经济联系上紧密，在人口、产业、经济等方面相对具有一定规模的城市集合体。在城市群的建设中主要突出中心城市的引领作用，在区域经济发展中，利用城市群基础设施建设和合理的经济布局，根据其内部的集聚生产、分工协作等规模经济，充分发挥城市群的聚集效应所带来的低成本优势，经济效益达到最优值，带动区域经济协调发展，缩小区域间的贫富差距，最终实现高度一体化的城市群体，来推动我国整体经济高质量发展。

一、城市群建设的必然性

由于我国城市布局以及地域发展的不均衡，已形成南北地区、东西部地区鲜明的经济差异。为了使地域经济发展均衡，近年来，我国以区域经济协同发展为导向，以"一带一路"为主线，大力促进南北、东西部经济有机协调发展。一个高度协作的城市群可以均衡各类资源，强化城市之间的优势互补，形成均衡的区域产业经济，使它们能够产生"1+1＞2"的集群效应，从而使城市走入良性循环。在过去的几年里，城市群建设已经成为区域协同发展的主要途径，被越来越多寻求良好发展的区域所重视。尤其对于地处内陆的西北地区来说，地域环境的影响和相对落后的治理理念，使其与东南沿海地区的经济发展形成鲜明对比。为了使区域协同发展，国家在顶层设计中提出要大力、深层次发展西部地区经济。要满足此项要求，核心就是要以城市群建设为首要目标，尽快形成有效的经济圈，带动整个西北地区的经济快速发展。

在国家的经济发展规划布局中，为了使区域发展协调性更加突出，国家依然要坚持实施区域重大战略、区域协调发展战略，通过区域协调发展全面推进我国经济高质量发展，实现中国式现代化。在经济步入高质量发展阶段中，区域发展战略的推进将更加集约、高效。2019年底召开的中央经济工作会议和相关的政府工作报告中，都强调要提高中心城市和城市群的引领作用，发挥城市群的整体综合承载能力，以城市群为主体构建大中小城市和小城镇协调发展的城镇格局，坚持城乡融合发展，畅通城乡要素自由流动，利用城市群内部的规模经济充分发挥区域联动的集群效应,增强内生动力,全面推动我国经济高质量发展。按照国家的战略部署,我国推进京津冀协同发展、长三角一体化持续升级、粤港澳大湾区创新合作不断深化,这些区域重大战略正深刻改变着国家区域发展版图,为新时代高质量发展提供了强力支撑。我国以城市群为拓展主体来发展空间城镇化的格局正在不断优化,如西部的成渝城市群、兰西城市群、关中平原城市群等,这些城市群的建设将进一步推动区域经济发展,并带动经济的高质量发展。

二、城市群建设对区域经济协同发展的影响

(一)优化产业结构

随着经济的发展,我国不断地推进城市化布局以及产业结构优化升级。在优化产业结构、稳定推动经济发展的过程中,城镇人口的集聚量成为影响一个区域经济发展速度的关键性要素。根据第七次全国人口普查主要数据结果,区域间人口结构失衡比较严重,大部分城市人口数量显著低于最优规模,个别城市人口又过于密集,只有少数城市人口规模比较合理,形成了明显的两极分化。合理的人口规模将使城市产业结构、公共服务产品和基础的交通设施等优势更为突出,能够充分利用资源并且合理有效地分配资源,使各个生产要素发挥最大效能。人口过密的区域会导致区域内公共设施、自然资源等各项资源紧缺,不利于区域经济的高效发展。人口较少的区域,各项资源又不能被充分发掘和利用,造成资源浪费,并使政府运行成本提高。因此,人口过密或人口过少都会使资源得不到合理配置,各项资源不能被很好地利用,效能不能达到最优化。

城市群的建设将人口、生产、资源协调在一起,使城市布局更加合理。城市群的联体将大量产业集聚在一起,能够有效解决人口的自由流动问题,平衡

地区生产力，形成规模经济。规模经济带来的各项产业能发挥强大联动效应，可以大大降低单个城市的运营成本。在城市群的建设中，形成了强有力的产业集聚群，城市群和产业集聚群这两大群体的有效结合在协同发展中以优良的产业配套设施和良好的经济发展态势，取得了比各自聚集更大的溢出效益，以此来推动我国经济实现质的有效提升和量的合理增长。

（二）加快城镇化建设，推进城乡融合发展

发展区域经济，就要有效地推进乡村振兴，畅通城乡之间要素的自由流动，长期坚持城乡有效融合发展，深入实施新型城镇化战略格局。在以一个或一个以上的特大城市或大城市为中心建设城市群的过程中，发挥城市群的联动效应，带动区域协调发展的同时将带动城乡协调发展，使区域协调发展同城乡协调发展相融合，加快城镇化进程，推进城乡统筹规划。应按照现阶段国家政策导向将发展城乡经济与城市群发展有效结合，在城市群建设过程中将城镇人口密集区和人口稀疏区、资源丰富区与资源贫瘠区以及周边的小城市和小城镇纳入城市群的发展中来，构建组团式城镇结构，平衡城市群内部各项要素，提高区域空间的紧密度，进行资源合理分配，使产业链和城市文明向周边农村扩散、渗透，通过辐射带动小城镇的发展，使其形成网格式区域城镇群，推动农村城镇化，来影响周边农村的生产、生活，改变现阶段乡村居民的基础生活环境和生活公共设施，改变乡村居民的生存、生活理念并积极带动乡村发展来提高人均经济收入，推动巩固脱贫攻坚成果与乡村振兴的有机衔接，做到城乡融合发展，实现经济的有效提升和合理增长。

（三）推动农业现代化

城市群的建设使乡村大量闲暇劳动力加入产业集群化的大生产中来，大量的劳动力不用为了生计而远足千里去外地求生打工，这将形成家门口的大生产景象。这样不仅可以带动当地经济的蓬勃发展，而且可以补齐人口稀疏地区的结构性缺失。在整个产业集聚生产过程中，城市群的建设将先进的生产理念和生产技术带到地域中，对当地居民固有的生活模式和生活方式带来新的冲击，并会改变当地乡村居民对现有社会发展的认知，以此改变他们固有的落后思想，使他们慢慢接受新生事物。在农耕忙碌季节，大量劳动力投入到产业集群的生产中，使农村进行农业耕作的劳动力大量减少，而现代化技术手段和先进设备能够大大减少农业耕作对劳动力的需求量，弥补劳动力的不足。在农业生产中利用现代化信息技术，积极监测农业生产环境，预防恶劣天气和病虫害，对农业灾害进行干预，能够有效减少农民的经济损失，改变以往农民"靠天吃饭"的局面。当地的农民在地理环境允许的条件下，会更愿意使用现代化机械进行专业操作，加快生产速度，提高生产能力。利用先进的生产技术设备进行生产，改变了农民以往陈旧的劳作局面，推动了农业现代化的进一步发展，提高了农村居民的人均收入，使城乡差距进一步缩小，有效协同区域一体化发展。

（四）提高区域经济发展实力与竞争力

城市群的建设将在一定范围内迅速构建相应的产业集群形成规模经济，在很大程度上减少政府在公共基础设施等方面的成本投入。专业化的协作与分工能够有效地提高产品生产速度，加大产品生产量，使产品的边际成本不断降低，同时也大大降低了产品的购销成本、交易费用，提高了企业的经济效益。区域内人员的有效、自由流动，使人才的获得更加容易，这在一定程度上降低了人才引进成本和培训教育相关费用，最终以优良的产业配套设施，以及良好的经济运行和发展态势，取得比各自所带来的经济效应更大的聚集溢出效应。城市群建设带来的规模经济必定会带动周边经济的发展，并且不断向周边城乡村镇低梯度地区辐射，这在很大程度上增强了区域内生源动力，使区域内的有效经济圈快速形成，带动整个区域经济协同发展，使城市群区域间的经济、社会、文化生态等诸多要素方面的综合效益快速形成并迅速提高，而且可以使区域间的综合成本成倍递减，形成占据绝对优势的经济效应。这一系列的连锁反应和有机结合，将提高区域经济的综合实力和市场竞争实力。

（五）提高可持续发展力

城市群的建设使区域内产业结构规模化、集约化，政府会按照产业群的整体布局规划交通、通信等基础公用资源的建设，与单个城市各方投资资源耗费相比，大大降低了投资成本和运行成本，使产业集群在很大程度上能够合理配置资源，充分有效利用资源，并且能够通过集中治理污染问题来保护生态环境。在一切合理布局中优化产业结构，改变人们以往为了追求经济利益而造成资源过度耗费、生态严重破坏的局面。在建设中，各地应坚持国家的政策导向，在大力发展经济的同时，树立绿色发展理念，运用绿色发展模式，从而在确保经济效益不断提升的同时，兼顾社会效益和生态效益，使社会、生态、经济三方面齐头并进。

近年来，随着我国对京津冀协同发展、长三角一体化发展以及粤港澳大湾区建设等区域战略的有序实施和深入推进，不难发现城市群建设给区域经济协同发展带来的绝对优势。为了更好地实施城市群促进区域经济协同发展的战略，各地政府在建设城市群的过程中应充分考虑区域间存在的差异性，在区域差异的基础上充分利用当地独特的自然资源和人文资源，更好地彰显区域的个性化发展。

我国应基于不同的区域区位条件、发展基础、资源优势等，合理构建有利于城市群发展的交通、水利、信息、服务等基础设施，努力实现城市群的公共基础设施等共建共享、互联互通的局面，有效降低各项基础设施的投资成本，尽可能通过推动基础设施的高频使用和有效运转来降低设施的运行成本；要不断建立和完善城市群产业发展规划和统筹机制，推进市场化改革，打破地方保护和市场的各种壁垒，引导产业整体布局，明确各个城市功能的分工，充分发挥各个城市的优势，推动城市群区域内市场和经济的相互衔接与有效运行，促进城市产业的相互协调发展；构建城市群区域内的生产要素统一协调配置机制，提高区域间要素资源的空间配置效率和土地开发使用效率。空间的合理配置能够使资源要素跨区域自由流动，在城市群中形成区域专业化分工格局，提高城市群区域内市场的扁平化发展和一体化水平，稳步提高区域的经济发展优势和竞争优势。

此外，我国要始终贯彻绿色发展的新理念，坚持从全局出发来谋划区域发展，以区域发展来服务全局，完善空间规划布局，推动区域协调发展。国家的经济战略要从更深层次发展城市群建设，集聚大量人口和人才，布局产业集群生产，带动区域经济的协同发展，使南北、东西中小城市联体形成大的规模经济，逐渐发展成大城市，最终以大城市的高效快速发展和战略规划为象征，走以大城市为主带动城乡融合发展的城市化发展道路，并逐渐融入全球化的都市化进程中。

第四章 城市环境与城市经济发展

第一节 环境概述

一、环境的含义

环境的含义广泛，主要是指作用于人类这一主体的所有外界影响和力量的总和，是自然因素和社会因素的统一体。环境是人类赖以生存的物质基础，也是人类赖以生存和发展的总资源，是人类的共同财产。

二、环境要素

构成环境整体的各个独立的、性质各异而又服从总体演化规律的基本物质组成部分称为环境要素，也叫环境基质。环境要素包括自然环境、人工自然环境和社会环境等诸方面。环境要素组成环境结构单元，环境结构单元又组成环境系统，如同水组成河流、湖泊和海洋等水体，地球上的全部水体又组成水圈（水环境整体），又如生物体组成生物群落，全部生物群落构成生物圈等，环境是所有这些环境分支系统的总和。

随着人类社会的发展，人类对环境的认识也在发展。以前人们往往把环境看作单个物理要素的简单组合，而忽视了它们之间的相互作用关系。20世纪70年代以来，人类对环境的认识发生了质的飞跃，开始认识到环境既包括这些物理要素，也包括由这些要素构成的地球的生命支持系统及其所呈现的状态和各种反应过程之间的相互关系，意识到对一个方面有利的行动，可能会给其他方面造成意想不到的损害。

三、环境的属性

环境要素具有一些非常重要的属性，这些属性决定了各个环境要素间的联系和作用的性质，是人们认识环境、改造环境的基本依据。环境主要有以下几种属性：

（一）最差限制律

整体环境的质量不是由环境诸要素的平均状态决定的，而是受环境诸要素中那个与最优状态差距最大的要素的控制。这就是说，环境质量的好坏，取决于诸要素中处于"最差状态"的那个要素，且不能因其他要素处于优良状态而得到弥补。因此，环境要素之间是不能相互替代的。

（二）环境整体大于诸要素之和

一处环境所表现出的性质，不等于组成该环境的各个要素性质之和，而是比这种"和"丰富得多、复杂得多。环境诸要素之间相互联系、相互作用形成环境的总体效应，这种总体效应是个体效应基础上的质的飞跃。

（三）相互依赖性

环境诸要素是相互联系、相互依赖的。环境诸要素的相互作用和制约关系，是通过能量流（能量在各要素之间的传递）或能量形式在各要素之间的转换实现的。通过物质循环（物质在环境要素间的传递和转化），环境要素相互联系在一起。

四、环境质量

所谓环境质量，一般是指一处具体环境的总体或某些要素，对人群的生存和繁衍以及社会发展的适宜程度，它反映人群对环境的要求，是对环境状况的一种描述。环境质量通常要通过选择一定的指标（环境指标）并对其进行量化来表达。自然灾害、资源利用、废物排放以及人群的规模和文化状态都会改变或影响一个区域的环境质量。

第二节 城市环境的特征与生态环境危机

一、城市环境的特征

城市环境包括城市自然环境、城市人工自然环境和城市社会环境等诸方面，是所有这些城市环境分支系统的总和。城市环境主要是指整个城市作为物质实体存在的基本内容及空间存在形式，由自然和人工生态系统构成的自然环境和社会环境构成。城市的河流、园林、建筑物、街区等构成城市的自然环境，是衡量城市环境质量的重要制约因素和标志；而城市的产业、交通、通信、商业流通、服务等空间分布状态，构成城市的社会环境。社会环境最重要的作用是形成城市核心的社会资本，是社会性的共同消费手段，随着城市化的深入，城市必备的基础设施有增加的趋势。城市的自然性与社会性条件相互结合、浑然一体，构成城市的居住环境。

城市环境具有独特的性质。首先，城市环境具有历史性。随着社会的发展，尤其是在城市化过程中，环境日益人工化，并且随着历史的发展而变化。城市环境是历史的结晶，一部分具有不可逆转的性质，如森林和历史性街区，它们是长年累积的结果，一旦遭到破坏，将不可挽回。其次，城市环境既具有城市居住环境所显示的区域性，也具有与宇宙或地球相关的连续性。城市环境具有区域固有财产的性质，水有流域和水系的区别，大气污染也有"空域"。城市环境具有区域的不平衡性。人类的生存不仅受到居住环境的限制，而且受到宇宙、地球等生态条件的限制，城市环境关系着整个地球的命运。再次，城市环境既具有共用性，又具有非排他性。例如，呼吸洁净的空气是每一个人的生存权，空气由生活在同一空间的生物共同利用，而不能由特定的人独享。城市环境作为公共产物，被排斥在市场之外。最后，城市环境具有耐久性。与城市日常的生产和生活的瞬间性、非连续性在时间上的差异，导致城市环境具有产生环境问题的可能性。社会性环境的核心是公园和下水道等社会性共同消费手段，因而具有土地固着性和半永久性。

环境是稀有资源，但环境与资源具有不同的含义。资源在经济活动内部被当作经济财富利用，而环境作为经济活动的基础，不能直接用来生产财富或商品，而是间接的经济财富，是人类活动的基础条件。如水取之于环境，作为资源用于发电，其中的一部分在利用之后又回到了环境中，经过"环境—资源—环境"的循环，成为资源的水和环境的水，虽然二者自然形态相同，但经济意义不同。但当作为资源的水受到污染和浪费而枯竭时，又成为环境破坏或公害问题，从这个意义上看，环境又与资源密不可分。

二、城市生态环境危机

城市是历史发展到一定阶段的产物。城市产生之前的生态问题主要是自然生态问题。由于社会和城市的产生，人对自然的破坏开始加剧。自然生态问题成为自然-社会生态问题。城市是更大的集体性、集团性人群，具有更大的自我发展和膨胀的优势，因此对自然社会的和谐发展具有更大的破坏力。

随着国民经济的高速增长，我国城市化的进程明显加快，冶金、电力、石油化工及汽车制造业发展迅猛，成为多数城市的支柱产业。这些高耗能、高耗水、高耗原材料且污染量大的产业在高速发展过程中所排放出来的废气、废水和废渣使得城市环境外部性尤为明显和突出，在很大程度上阻碍了城市经济的增长和城市化的进程。因此，我国工业化速度的进一步加快，城市化水平的迅速提高以及大城市的迅猛发展，一方面孕育了城市现代文明，促进了经济、文化和科技的发展，另一方面也导致了城市环境的恶化，产生了一系列环境问题，使许多城市不同程度地染上"城市病"，主要表现在以下几个方面：

第一，大气污染加剧，酸雨危害严重。我国城市大气污染以煤烟为主要特征，污染物的排放大多来源于煤炭的燃烧，燃煤排放的污染物占全部大气污染物排放量的85%左右，其中二氧化硫占90%。由于二氧化硫的排放，酸雨污染面积在不断扩大，我国成为世界上酸雨污染最严重的国家和地区之一。

第二，城市垃圾处理利用率低。城市工业废渣和生活垃圾等固体废弃物的排放量日益增多，无害化处理率和综合利用率均很低，历年累计大量堆存，露天堆放的固体废弃物不仅占用大量土地，而且其中包含的重金属和有害物质还会造成环境污染。垃圾大量滞留城市内部，难以及时清运出去，严重影响市容和城市建设。

第三，大江、大河城市段水质恶化。部分污水未经处理直接排入水域，造成全国部分河流和城市水域污染，大量城镇的水源不符合饮用水标准。华北地区和沿海城市地下水严重超采，使城区地面沉陷，导致排涝困难、海水入侵、城区建筑物大量毁坏等严重后果。

第四，噪声污染大。我国大部分城市交通噪声超过国家规定标准，功能区环境噪声普遍超标，工业噪声和建筑施工噪声污染尤为突出。

城市环境的恶化是由多方面的原因造成的，如社会生产力的组织形式和无节制的发展、市场调节的弊端和失灵、公共管理的滞后和失灵等，概括起来主要有以下几点：①城市建设滞后于经济建设；②某些经济政策上的失误，导致了"城市病"的加重；③粗放型经济增长方式使生态环境恶化；④资源的低价分配方式对城市生态的影响；⑤土地无偿使用带来了城市问题；⑥以煤为主的能源消费结构导致环境污染。近年来，中国城市环境问题日益突出，工业化进程加快是其主要原因之一。

第三节　城市环境的经济分析

一、城市环境与城市经济的关系

城市环境问题是指城市的经济活动对城市环境造成的影响，以及这种城市环境条件的改变和城市环境的变迁对城市经济的影响而产生的一系列问题。

工业革命后，一方面，随着科学的发展，人类逐步加深了对环境的认识，"征服自然""驾驭自然"的机械论思想驱使人类跃跃欲试，人类想要彻底摆脱对环境的依赖；另一方面，技术革命和科技水平的提高以及利益的驱动，使人类变本加厉地向环境大量索取资源。大量生产、大量排放污染的"经济增长"，引起了继农业社会之后的以城市工业化环境公害和污染为主要特征的次生环境问题。20世纪30~70年代，工业化国家的一些城市发生了触目惊心的

"八大公害"事件,这是备受冷漠和无视的环境在资源难以恢复、面临枯竭和无力承载与净化废弃物中向人类发出的警示。

城市环境问题按产生的原因可划分为两类:一类是由自然原因引起的原生环境问题;另一类是由人类社会的生存发展活动引起的次生环境问题(自然环境的破坏和环境污染),即环境经济问题。如果把原生环境问题和次生环境问题称为传统污染,那么由于人口增长、经济发展和工业化带来的城市化造成的社会环境问题(或第三类环境问题)就可以称为现代污染。与工业革命时的环境污染相比,现代污染具有全球化、深远性、不易发现和复合性等特点。因此,对污染物被动地进行单项、终端处理已经是杯水车薪,促使环境与经济联姻,贯穿可持续发展思想,从"环境-经济"系统的高度研究环境问题,成为城市环境问题研究的历史使命。

城市经济的发展,既是城市发展的唯一有效途径,也是造成环境污染和破坏的根源,同时也反映了环境保护状况。因此,城市经济发展与城市环境问题是对立统一的辩证关系,是一个系统的两个方面。城市经济再生产过程中不断地从自然界获取原材料等物质要素,同时又把各种废弃物排放到环境中去。这种获取与排放,既要遵循经济规律,又要遵循自然生态规律和物质循环规律,从而使城市经济再生产过程和城市自然再生产过程之间建立一种良性循环。

城市环境问题是伴随着城市经济发展而产生的,最终还要依靠发展经济来解决,"经济发展原点论"和"技术发展原点论"是不现实和不可行的。在人类社会通往和谐发展的道路上,可持续发展的理论与实践依然步履维艰,面临许多难以逾越的困难和课题。可持续发展的最大阻力来自发达国家享有工业革命的利益,却又力图回避与逃脱自身对全球环境应负的责任;发展中国家追求自身进步与发展的同时,如何避免走发达国家大量占有和奢侈消费自然资源,同时大量排放污染的发展模式,成为其通往可持续发展之路上的一大难题;可持续发展是一个内涵极其丰富的崭新概念,外部成本内部化和资源有价化是可持续发展理论的基础,由此将对以市场经济为主体的经济理论产生哪些影响、政府与市场在可持续发展中如何定位并发挥互补作用、产业结构和社会消费方式将发生怎样的变化目前还处于探讨之中。

二、有关城市环境问题的经济理论

17世纪中叶，在传统经济学的开创期，一些学者由于伦敦空气污染严重曾提出过环境问题，但在亚当·斯密（Adam Smith）以后，除马克思和恩格斯以外，环境问题和城市问题都仅仅被视为经济外围的公共卫生行政事务而被排除在市场经济的研究范围之外。传统经济学的经济外部性理论只是被用来解释环境问题成因的基本理论，其政策的应用性和局限性，使得一些福利国家的政府对外部不经济现象和社会成本等问题的介入毫无进展，反而国家本身成为造成环境问题的直接原因。

马克思和恩格斯把产业革命时期的公害问题视为资本主义的社会问题。他们从自然与人类的关系出发，站在历史唯物论的立场，认为在资本主义这一历史阶段，为了实现资本积累，资本家无计划地对自然环境进行榨取和破坏，必然要受到环境的报复。但是，随着科技的进步，人类必然能够超越以往的商品经济价值标准，创造包括环境在内的新型"社会使用价值"这一价值尺度，实现未来社会的经济发展。这表明了马克思和恩格斯欲将公害和环境问题理论化的思想。但是，由于当时的工业污染只被作为一个不具有普遍性的劳动条件问题，生态理论研究也只限于一个地区的生物群落与环境的关系问题上，所以马克思没有完整的环境与经济发展的理论论述。

最早以环境问题为研究对象的经济研究可追溯到20世纪50年代，自称为制度学派的卡普（William Kapp）对公害问题进行过全面探讨。卡普试图超越庇古的外部性理论，将公害现象定义为私营企业的社会成本（社会性损失），主张不依据价值交换理论，而采用将社会成本内部化的社会价值理论使其制度化。同期，美国未来资源研究所出现了以环境作为资源的素材论的经济分析，企图规定环境的市场价格，将其纳入市场经济制度之中，以对公害政策和水污染作经济分析。其后出现的哈丁（Garrett Hadin）的公地理论等，也认为环境问题产生于外部不经济性，而外部不经济性源于公共资源的存在以及市场价格未能反映公共资源在经济活动中的作用。

由于外部不经济性的产生机制极其复杂，只要有私人与公共、局部与全体、眼前与长远利益的矛盾存在，就必然会导致外部不经济性的产生。虽然在操作对策上，某些资源的产权化（私有化）有助于消除或抑制外部不经济性，通过市场机制使外部成本内部化，可以抑制外部不经济性的生成和发展。但是随着世界经济的日益全球化，跨国资源开发或掠夺给发展中国家带来的环境问题又暴露了市场机制的破坏性和局限性。

虽然20世纪初经济学就产生了外部性理论，并形成了以外部性理论为核心的环境理论基础，进而形成了相应的环境政策，但是环境理论与环境政策的局限性促使人们不断思考和探索新的理论，以解决经济发展与地球环境"负荷极限"不相适应的问题，引导人类走向与环境和谐的可持续发展之路。

对环境的污染和破坏，除人们未能认识自然生态规律外，从经济原因上分析，主要是人们没有全面权衡经济发展和环境保护之间的关系，只考虑近期的直接的经济效益，忽视了经济发展给自然和社会带来的长远影响。长期以来，人们把水、空气等环境资源看成取之不尽、用之不竭的"无偿资源"，把大自然当作净化废弃物的场所，不必付出任何代价和劳动。这种发展经济的方式，在生产规模不大、人口不多的时代，对自然和社会的影响，在时间上、空间上和程度上都是有限的。20世纪50年代，发达国家的社会生产规模急剧扩大，人口迅速增加，经济密度不断提高，从自然界获取的资源大大超过自然界的再生增殖能力，排入环境的废弃物大大超过环境容量，出现了全球性的资源耗竭和严重的环境污染与破坏问题。许多经济学家和自然科学家一起商讨防治污染和保护环境的对策，估量污染造成的经济损失，比较防治污染的费用和效益，从经济角度选择防治污染的途径和方案，有的还把控制污染纳入投入-产出经济分析表中进行研究。20世纪60年代开始，环境问题作为一个极其重大的经济问题，逐渐成为世人关注的焦点。

随着环境经济学研究的开展，一些经济学家认为，仅仅把经济发展引起的环境退化当作一种特殊的福利经济问题，责令生产者偿付损害环境的费用，或者把环境当作一种商品，同任何其他商品一样，消费者应该付出代价，都没有真正抓住人类活动带来环境问题的本质。许多学者提出在经济发展规划中要考虑生态因素。社会经济发展必须既能满足人类的基本需要，又不能超出环境负荷。超过了环境负荷，自然资源的再生增殖能力和环境自净能力会受到破坏，引起严重的环境问题，社会经济也不能持续发展。要在掌握环境变化的过程中，维护环境的生产能力、恢复能力和补偿能力，合理利用资源，促进经济的发展。

三、城市环境的外部性及治理对策

（一）外部性理论

外部性概念是1890年经济学家马歇尔（Alfred Marshall）首次在《经济学原理》中提出的，是指私人收益与社会收益、私人成本与社会成本不一致的现象。美国经济学家萨缪尔森（Paul A. Samuelson）将其定义为"当生产和消费的过程中一个人使他人遭受到额外成本或额外收益，而且这些强加在他人身上的成本或收益并没有通过当事人的货币形式得以补偿时，外部性或溢出性就发生了。更精确地说，外部性就是一个经济当事人的行为影响他人的福利，这种影响并没有通过货币形式或市场机制反映出来。"

一般说来，外部性满足两个条件：一是某人或某企业（假定为A）的效用由另一方个人或企业（假设为B）决定或选择，而B在决策时未考虑A的福利；二是市场缺乏激励机制使B对A的影响进行补偿。当B带给A积极的影响时，称为外部经济；反之，则称为外部不经济。

福利经济学认为，如果一种商品的生产或消费会带来一种无法反映在市场价格中的成本，就会产生一种外部效应。外部效应是指一些产品的生产与消费会给不直接参与这种活动的企业或个人带来有害或有益的影响，其中有益的影响称为外部经济，否则就称为外部不经济。传送环境问题就是一个外部性问题。外部性理论引导人们在研究经济问题时不仅要注意经济活动本身的运行和效率问题，而且要注意由生产者和消费活动所引起的不由市场机制体现的对社会环境的影响。

英国学者皮尔斯（David Pearce）在《绿色经济蓝图》中倡导一种环境价值理论，即"总经济价值"理论，认为"总经济价值＝实际使用价值＋选择价值＋存在价值"。在这里，总经济价值不仅包括资源环境直接或间接利用的情况，还包括通常与使用无关的资源环境价值，即存在价值，也包括介于使用价值与存在价值之间的选择价值，这种选择价值是指我们在使用这些资源时存在着可能失去的机会价值。

"总经济价值"理论实质上与"外部性"理论是一致的。长期以来，对城市环境外部性认识的不足，是产生城市环境严重透支的重要原因。传统经济学存在的重要缺陷有：一是不考虑外部不经济性；二是衡量经济增长的经济学标准——国内生产总值不能真实地反映社会福利。环境是一种公共物品，我们根本无法界定其产权，但是环境污染所产生的"外部不经济"又会对我们或者我们的子孙后代产生影响。要使总经济价值最大，我们就必须既关注城市经济运行中的"内部效应"，又重视其"外部效应"，这也是城市经济发展的必然趋势。

（二）城市环境的外部性分析

城市环境的属性决定了城市环境具有典型的外部性效应，一方面表现为城市环境的改善促进当地的投资环境和旅游业等行业的发展，带来经济的增长，并使城市居民的生活质量明显改善；另一方面表现为城市在对环境资源的开发利用过程中产生环境外部性，特别是环境污染会造成外部不经济。因此，环境外部性是经济系统运行中正常的、无处不在的和不可避免的组成部分，给城市经济运行带来正面或负面影响。

城市环境具有公共物品的属性。公共物品问题只是外部性的一种，是极端形态的外部经济。公共物品和外部性既有一定的内在联系，即两者都存在私人收益与社会收益、私人成本与社会成本的不一致问题，又存在着明显的区别，即公共物品强调成本效益的非排他性，外部性强调经济行为的外在影响。公共物品的实质是如何使其供求合理化，外部性的实质在于如何使经济行为的外在影响内在化。

所谓公共物品，就是在消费上同时具有非排他性和非竞争性的物品。从经济学的角度看，环境污染是一种典型的市场失灵表现，环境作为一种公共物品，具有非竞争性和非排他性两个特点。

非竞争性是指不会因为消费人数的增加而引起生产成本的增加，即消费者人数的增加所引起的社会边际成本等于零。城市环境的非竞争性使消费者不愿为使用环境资源而支付费用。免费提供公共物品时，人们就可能过度消费直至边际效益为零，而不去理会边际社会费用的增加。

非排他性则是指城市环境一旦提供，就不能排除社会中的任何一个人免费享受它所带来的利益。以空气污染为例，不但污染的肇事者具有公共性，污染的受害者也具有公共性，污染密度或强度不因部分人的消耗而减轻对其他人的作用，一个人的呼吸也不会改变另一个人的空气质量，如果采取措施使某个城市的空气没有了污染，那么某人呼吸了清新的空气，并不能制止他人呼吸。

城市环境问题的"非竞争性"和"非排他性"表明，城市环境这种公共物品无法通过等价交换的机制在供应者和消费者之间建立联系，如果采用市场资源配置的方式进行环境供应，就势必导致市场失灵现象的发生，这就是在城市经济运行中产生城市环境污染问题的根本原因。

（三）城市环境治理的对策

解决环境外部性问题，就是要使环境外部性内部化。政府可以运用价格、成本、利润和税收等经济杠杆以及环境责任制等经济方法，限制破坏环境的活动，并通过奖励和收费等方法将微观经济单位保护环境的行为同其经济利益挂钩，从而节约污染减除成本，获得经济效益。政府可以采用市场性和非市场性两种治理方法。

排污权交易的市场性方法是对市场机制利用得最充分的环境保护政策手段，也就是实行排污许可证制度，政府依照一定的环境质量标准向厂商发放排污许可证，厂商则根据排污许可证向特定地点排放特定数量的污染物，排污许可证及其所代表的排污权是可以买卖的，厂商可以根据自己的需要在市场上买进或卖出排污权。排污权交易将促使排放污染物的厂商在购买排污权和自行治理污染之间进行选择。若污染物的边际治理成本低于单位排污权的价格，他们将选择自行治理污染；反之，他们将到市场上去购买排污权。在政府没有增加排污权供给的情况下，通过排污权交易，边际治理成本较高的污染者将买进排污权，而边际治理成本较低的污染者将卖出排污权，最终使全社会总的污染治理成本最小化。

排污权交易的非市场性的经济刺激方法是通过政府的各种经济政策，向使用环境资源的企业或个人征收一定的费用，它是非市场经济手段中应用最广泛和最典型的一种。经济合作与发展组织环境委员会于 1972 年提出的污染者负担原则，成为征收排污费的重要依据。征收排污费的原则是，当污染物排放量达到最优污染水平时，政府征收的单位排污费正好等于厂商治理污染的边际治理成本。这样，厂商便可以在缴费与治理之间进行权衡，选择最经济有效的办法降低污染。

科学合理地保护城市生态环境的一个重要途径就是对城市环境容量的研究，并在此基础上确定城市环境适宜度。

狭义的环境容量是指某一环境单元对污染物的允许容纳量。广义的环境容量包括土地容量、淡水保证量、起码的绿地面积、环境的自然净化能力等自然环境条件，以及房屋、基础设施等人工环境条件，即一定地域的环境对人类活动的负载能力。城市环境容量是指城市所在地域的环境对城市建设发展的规模以及人们在城市中各项活动的强度提出的容许限度。城市环境容量主要受城市自然条件、城市现状条件、经济技术条件、历史文化条件的制约。其中，城市自然条件，如地质、地形、水文、气候、矿藏、动植物等条件的状况及特征是城市环境容量中最基本的因素，是城市发展建设的基础条件。城市现状条件，包括工业、住宅、城市基础设施等组成城市的各项物质要素状况等方面的建设，是社会物质生产以及其他社会活动的基础。城市基础设施的容量对整个城市环境容量具有重要的制约作用。经济技术容量更具有灵活性和协调性，城市所拥有的经济技术条件越雄厚，则其所拥有的改造环境的能力也越强。由于历史和文化是延续的，城市是人类文化的载体，城市历史形成的各种条件、环境以及文化都会对城市环境容量产生影响。

城市环境容量具有可调性。如果人们对影响环境容量的各种因素调配得当，就可以增加环境容量；反之，则会使环境容量减小，甚至使整个城市的生态环境遭到毁灭性破坏。这种城市经济效益和城市生态环境效益相统一的城市环境状况就是城市环境的适宜度。

根据我国城市环境的现状，协调好经济发展与环境保护的关系，防治城市环境污染至关重要。第一，应加强城市规划，使城市布局趋于合理。城市的布局涉及自然、经济、技术和环境等各方面因素，必须统筹规划、综合平衡，以多中心、放射状布局代替单核心的城市格局，促进城市生态环境的改善。第二，应加大城市基础设施投资比例，促进城市经济持续发展。中华人民共和国成立初期，我国城市基础公用设施投资占国内生产总值的比例只有0.36%，仅为联合国推荐指标的 1/14~1/8，基础设施投资比例过低是我国"城市病"产生的主要根源之一。第三，通过制度创新，实行环境资源的有偿使用，有效地约束污染者的排污行为，确保"污染者负担"，实现环境与经济、社会的可持续发展。第四，大力发展环保产业，对其实施优先发展战略，使环保产业成为城市的支柱产业和新的经济增长点。第五，加强环保的法治建设，提高公众的环保意识，推动城市循环经济的早日实现。

第四节　数字经济对
城市环境技术进步偏向的影响

我国资源环境约束趋紧,生态环境的短板特征逐渐显现,环境问题日益受到人们的重视。我国于 2020 年提出"3060"目标,表明经济效益与生态效益的兼顾已成为新发展追求。因此,将绿色理念融入科技创新活动,引导技术进步向生态化方向发展,对实现兼顾经济效益和生态效益的高质量发展具有关键作用。

作为继农业、工业等传统经济之后的新发展引擎,数字经济依托于数字技术重塑了人们的生产、生活方式。数字经济发展伴随着技术革命,以大数据、云计算为代表的数字技术广泛应用于企业、高校研究中心,既强化了创新主体内部的信息管理,也降低了创新主体间的信息壁垒,加速了技术知识的互换和积累,有效降低了研发成果的不确定性。在数字技术的加持下,企业对其生产活动进行改造,以利润最大化为目标的企业会通过研发新型工艺技术或改造升级原有设备的方式提高要素生产率,而要素的调整往往不是同比例的调整,从而形成技术进步偏向。当前正处于数字经济发展与"双碳"目标实现的交织期,那么数字经济发展是否存在绿色价值,其创新特征是否存在环境偏向性?

数字经济的相关研究早期主要集中于概念内涵、发展路径等理论层面的探讨。后来学者们逐渐将视角转向数字经济引发的经济效益,围绕数字经济对全要素生产率、产业结构升级、人均消费支出等方面的积极作用展开研究。部分学者还关注数字经济的生态效益,以生态效率以及碳排放等为研究切入点,发现数字经济发展能够减少污染物排放量。同时部分学者对数字经济的创新效益进行了研究,发现数字经济发展对城市创新具有显著推动作用,对合作创新绩效具有提升作用。但同时关注数字经济的绿色价值以及创新特征的研究仍较为鲜见,并且更多的研究停留于技术进步的中性特征,缺少对偏向性特征的深入探索，尤其是探究数字经济创新特征的环境偏向性问题。

考察技术进步的环境偏向更能同时反映数字经济发展的绿色价值和创新特征，有利于从技术进步偏向视角厘清数字化与绿色化的内在关联，以更好地发挥数字化在推动经济高质量发展中的重要作用。此外，现有研究对于环境技术进步偏向的测度多停留于国家、省际层面，而较少从城市层面展开。但市级层面的数据更能反映地区数字经济发展对环境技术进步偏向的直接作用。因此，基于我国2011—2019年278个城市的面板数据，本节通过Xtlogit模型研究城市数字经济发展对环境技术进步偏向之间的"倒U形"关系，并进一步探究城市金融发展在其中的调节作用。

一、理论框架与研究假设

（一）数字经济影响城市环境技术进步偏向形成的内在机制

1.数字经济影响城市环境技术进步偏向形成的需求机制

（1）在民众方面

经政府倡导和媒体宣传，民众的环保意识逐渐被唤醒，而数字网络发展提供了丰富的参与渠道，从而放大了公众舆论力量，对高污染、高排放企业产生一定威慑作用。

（2）在政府方面

得益于数字技术的发展，监管部门对辖区内各企业的污染排放监测数据采集更为及时、准确，为实施更具针对性的政策手段提供依据，以倒逼"两高"（高耗能、高排放）企业开展清洁工艺研发，承担相应的环境责任，从而扩大地区整体的绿色创新需求。

（3）在企业方面

在生产经营过程中，企业若将环境因素考虑在内，将企业利益同消费者、社会环境利益相协调，实现环境经营，就可以形成绿色竞争优势。并且数字技术应用于企业生产管理，能实现对各生产环节能源投入以及排放数据的实时监测和分析，使各部门信息共享机制更为完善，促进相关部门深入开展节能减排专项技术研发，实现能源要素的高效利用以及非期望产出的有效控制。同时环境技术市场需求的增加，能够有力推进绿色技术的商业化进程，丰富和畅通创新主体获取绿色收益的渠道，提高其研发积极性。而地区的生产活动以及技术进步方向主要由一个个企业加总而成，从而就地区整体层面而言，环境技术进步偏向需求将随着数字化水平的提升而扩大。

2.数字经济影响城市环境技术进步偏向形成的可行性机制

（1）在"竞争效应"方面

数字经济发展在初期克服了诸多合作障碍，为应对研发项目的长期性和不确定性提供合作创新的选择。通过搭建共性技术研发平台，加速创新资源要素的流转和聚集，不仅降低了部分小规模创新主体的创新门槛，更拓展了整体创新边界。但数字经济的共享特征及其带来的信息壁垒的降低，也在某种程度上拉低了行业的准入门槛，淡化了产业边界，以企业为代表的创新主体的市场潜在竞争对手进一步增加。行业内的落后企业可以利用数字经济带来的便利更好地发挥后发优势，模仿和吸收先进技术以获得低成本的快速发展，行业外企业同样可借助技术外溢和吸收经验信息进入该行业。根据社会网络理论，创新协作通过各方优势互补降低单主体研发的不确定性，提高参与主体创新效率。但创新协作过程需要参与主体共享其核心技术资源，以实现资源的有效整合，当面临的技术壁垒越高时相应依赖更为深入的协作，但核心技术资源暴露的程度及风险也将随协作程度的加深而加大。同时，数字化的发展使得创新网络参与者之间的关系更为复杂和多变，源自战略目标以及竞争关系的改变，激化创新资源整合与核心技术资源泄露的矛盾，暴露开放创新模式的不稳定性。创新网络参与者逐渐倾向于遮掩自身的核心技术以降低泄露风险和暴露程度，过度保护行为将阻碍创新协作关系中关键技术知识的流转，造成创新网络参与者之间技术知识交易的"市场失灵"，不利于整合创新资源，甚至可能使技术研发失败以及协作关系破裂。

（2）在"路径依赖"方面

安德烈亚和钦齐亚（Andrea and Cinzia, 2007）认为，企业可借助知识溢出实现以较低的成本获取外部技术。在单个企业的创新能力较为薄弱的情况下，创新协作的方式更有利于以较低成本实现技术突破。基于交易成本理论，创新主体倾向于付出更小的代价来开展创新活动，从而随着数字化水平的提升，信息壁垒弱化，知识溢出效应逐渐增强，创新主体对这种低成本收益的依赖性也将逐渐增强。但数字化水平的提高通过"竞争效应"激化创新资源整合和核心技术资源暴露的矛盾降低了创新效率，甚至恶化了协作关系。而原本依赖于外部技术获取的企业，随着依赖程度的上升忽略了自身的知识积累和研发，从而协作关系的破裂将导致这类企业绿色技术进步产生停滞。拉维（Lavie, 2006）研究发现，拥有更为丰富、便利的外部创新资源获取渠道的企业，其自身的知识储备以及自主的研发投入则通常较为不足。劳尔森和索尔特（Laursen and Salter, 2006）也指出，对外部资源的过度依赖将对创新主体自身的创新意愿产生负面作用。

（3）在"信息超载"方面

随着数字技术发展，所挖掘出来的信息将更加庞杂，受限于创新主体自身的整合能力，过度的数字技术应用所带来的"信息超载"问题将加剧创新主体的识别、筛选成本，甚至可能误导决策。面对更加多元化的绿色技术资源，创新网络的参与者必然需要付出更多的整合、协调和沟通成本，甚至可能使成本超过所能获取的绿色收益，这将弱化创新主体的绿色研发意愿，继而影响区域的环境技术进步偏向。当既有的数字化水平满足创新需求时，数字投入的盲目扩张将无益于绿色产出偏向。

综上所述，虽然数字经济发展会通过强化监管、公众舆论等方面提高环境技术进步偏向的需求性，但随着数字经济的进一步发展，竞争效应阻碍了创新协作关系的建立和保持，并且暴露"过度依赖"隐患和"信息超载"问题，后者增加了对信息的识别、筛选成本以及创新协作间的沟通协调成本，甚至可能超过所能获取的相应收益，从而弱化环境技术进步偏向的可行性。所以，这里提出如下假设：城市层面的数字经济发展与其环境技术进步偏向形成存在"倒U形"关系。

（二）城市金融发展的调节作用

不论是清洁生产工艺还是末端治理技术，考虑环境因素的企业活动必然涉及额外的成本和投入，当绿色收益难以弥补相应的成本支出时，利益导向的企业将难以自觉承担环境责任，尤其在融资约束较强的情况下。拉詹和津盖尔斯（Rajan and Zingales, 1998）研究发现，除企业自身因素外，融资约束问题还取决于所在地的金融发展水平。根据功能观，金融发展就是金融功能逐步显现、扩展以及提升的过程。城市金融发展水平的提升，伴随着产品和工具的丰富，组织机构的扩张，对社会储蓄的吸纳和动员能力的不断提升，可贷资金更为充裕，从而有益于降低绿色研发的资金门槛。并且在规模效应下，金融机构风险管理能力进一步提升，不仅分散了企业的环境投资风险，也能为其提供成本更低的信贷资金。此外，传统金融的数字化发展也促进金融资源在不同属性、领域以及阶段方面的配置优化。因此，城市金融发展水平的提升使金融的储蓄动员、风险管理以及资源配置等功能得到显现和发展，能为企业营造更优越的融资环境，缓解融资约束问题，继而作用于企业环境行为的成本收益，降低企业自主研发门槛以减少"过度依赖"隐患，强化城市环境技术进步偏向的可行性。此外，金融发展水平的提升，也使企业面临更多经济利益诱惑而动摇研发意愿，尤其是在新的环境技术难以实现突破的情况下。以利益为导向的企业可能通过低端化的技术创新做表面功夫，使公众舆论力量受蒙蔽而难以有效发挥，而将减少的绿色研发资金投向更易获得经济效益的领域，从而弱化环境技术进步偏向的需求机制。

综上所述，城市金融发展会对需求以及可行性机制产生影响进而发挥调节作用。一方面，高水平的城市金融发展条件下，金融功能优化为企业提供了更为优越的融资环境，缓解融资约束问题，降低技术研发的资金壁垒，强化环境技术进步偏向的可行性，使曲线左侧变得更为陡峭。另一方面，随着研发的深入，技术突破更为困难，企业难以取得更高的绿色竞争力和绿色收益，金融发展伴随的诱惑动摇了企业的创新意愿，企业盲目追求短期经济利益而产生的投资偏好和创新惰性，将弱化环境技术进步偏向的需求机制，使曲线右侧变得更为陡峭。所以，这里提出如下假设：城市金融发展水平在数字经济发展与环境技术进步偏向形成之间产生调节作用。

数字经济对城市环境技术进步偏向的作用机制如图 4-1 所示。

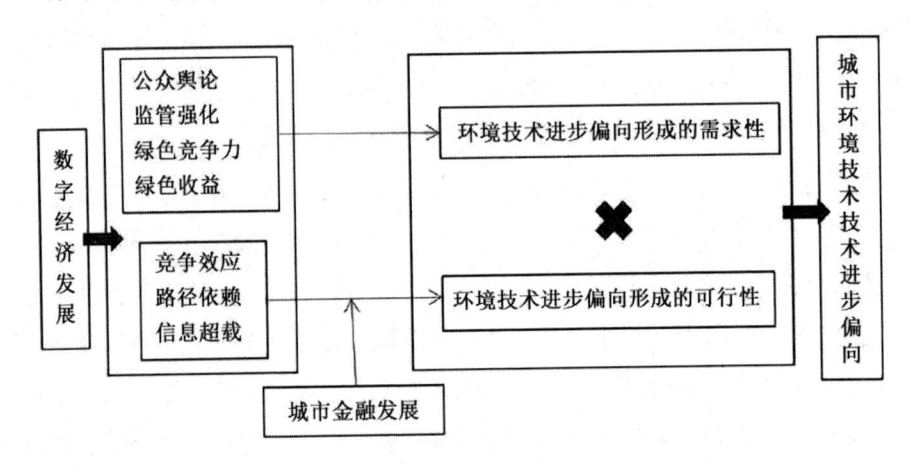

图 4-1　作用机制

二、研究方法与数据说明

（一）研究方法

1.模型设定

由于本节被解释变量为 0-1 变量，因此需要采用 Logit 或者 Probit 等二值选择模型。同时，为减少遗漏变量需控制时间和个体效应，但由于样本数据为短面板，个体共计 278 个，若在 Logit 或者 Probit 模型下以生成个体虚拟变量的方式控制个体效应，就会产生"伴生参数问题"，从而需要寻找"充分统计量"进行条件估计，而 Probit 模型无法找到合适的"充分统计量"，Xtprobit 不能控制固定效应，因此最终采用 Xtlogit 固定效应模型。首先，基准回归模型如下：

$$\text{BIAS}_{it} = a_1 \text{DIG}_{it} + a_2 \text{DIG}^2_{it} + \sum \delta \, \text{control}_{it} + \varepsilon_{it}$$

式中，BIAS 为环境技术进步偏向；DIG^2 为数字经济 DIG 的平方；ε_{it} 为随机扰动项。加入调节变量 M 后模型变更为：

$$\text{BIAS}_{it} = a_1 \text{DIG}_{it} + a_2 \text{DIG}^2_{it} + b_1 \text{DIG}_{it} * M + b_2 \text{DIG}^2_{it} * M + b_3 * M + \sum \delta \, \text{control}_{it} + \varepsilon_{it}$$

2.环境技术进步偏向的测度与识别

笔者参考丁黎黎等（2020）的做法，采用非参数方法测算和识别环境技术进步偏向，以避免生产函数主观设定产生的偏差。先基于方向性距离函数（DDF）测算环境全要素生产率增长率，并将非期望产出设为弱可处置，以表现非期望产出的减少需要付出代价。接着，参考法勒等（Fare et al., 1997）做法，通过 Malmquist-Luenberger 多维分解从技术进步偏向视角将 ML 指数进行分解。具体分解公式为：

$$\text{ML} = \left\{ \left[1 + D_0^t\left(y^t, b^t, x^t; y^t, -b^t\right)\right] / \left[1 + D_0^t\left(y^{t+1}, b^{t+1}, x^{t+1}; y^{t+1}, -b^{t+1}\right)\right] * \right.$$
$$\left. \left[1 + D^{t+1}\left(y^t, b^t, x^t; y^t, -b^t\right)\right] / \left[1 + D^{t+1}\left(y^{t+1}, b^{t+1}, x^{t+1}; y^{t+1}, -b^{t+1}\right)\right] \right\}^{1/2}$$

$$\text{ML} = \text{TC} * \text{EC} = (\text{MATC} * \text{IBTC} * \text{OBTC}) * \text{EC}$$

$$\text{OBTC} = \left\{ \left[1 + D^{t+1t}\left(y^{t+1}, b^{t+1}, x^{t+1}; y^{t+1}, -b^{t+1}\right)\right] / \left[1 + D_0^t\left(y^{t+1}, b^{t+1}, x^{t+1}; y^{t+1}, -b^{t+1}\right)\right] * \right.$$
$$\left. \left[1 + D^{t+1*}\left(y^t, b^t, x^{t+1}; y^t, -b^t\right)\right] / \left[1 + D^{t+1*}\left(y^t, b^t, x^{t+1}; y^t, -b^t\right)\right] \right\}^{1/2}$$

式中，x 表示投入要素群；y 表示期望产出；b 表示非期望产出。

进一步遵循韦伯等（Weber et al., 1999）的识别方法，结合分解后的产出偏向性技术进步指数（OBTC），借助要素边际替代率的跨期变动判断要素偏向。具体做法则是参考学者丁黎黎等（2020）构建产出要素偏向指数：

$$\pi_{YB} = \left[\left(Y^{t+1}/B^{t+1}\right)/\left(Y^t/B^t\right)-1\right]*(OBTC-1)$$

当 $\pi_{YB}>0$ 时，表示技术进步偏向减少非期望产出（Y）而生产更多期望产出（B），即偏向环境友好型技术进步，称为环境技术进步偏向，部分学者也称其为绿色技术进步偏向；当 $\pi_{YB}=0$ 时，则是由于 OBTC=1，表示中性技术进步，不存在偏向特征；当 $\pi_{YB}<0$ 时，表示技术进步偏向生产更多非期望产出（Y）而减少期望产出（B），即偏向环境恶化型技术进步。

（二）变量选取与数据来源

笔者剔除了毕节、铜仁等数据缺失较为严重的城市，最终以我国 2011—2019 年 278 个地级市为研究样本。此外，由于环境技术进步偏向的测算需要损耗一年的数据，因此在测算和识别该指标时加入了 2010 年各市数据。除北京大学数字普惠金融指数之外，数据主要来源于《中国城市统计年鉴》《中国能源统计年鉴》《中国城市商业信用环境指数》以及 CSMAR 数据库，部分缺失数据通过多重补漏或线性插值填补。

1.被解释变量

环境技术进步偏向（BIAS）。参考刘自敏等（2022）的做法，基于对城市层面环境技术进步偏向的测算和识别，使用 0-1 变量刻画定性信息，区分各城市相应年份是否存在环境技术进步偏向。其中，$\pi_{YB}>0$ 时赋值 1，表示当年该城市存在环境技术进步偏向；否则赋值 0。此外，在测算过程中使用的投入产出指标如下：

（1）投入要素

劳动投入以年末单位从业人员数与城镇私营及个体从业人员数的合计值表示。资本投入则参考张军等（2004）的永续盘存法，以 2011 年为基期的固定资本存量衡量城市资本投入。能源投入以城市用电量、天然气以及液化石油气供应量的折标煤合计表示。

（2）产出要素

期望产出以 2011 年为基期的各市实际 GDP 表示。非期望产出则通过熵值法以各市历年工业废水、二氧化硫、二氧化碳以及烟粉尘排放量计算环境污染排放指数来表示。

2.核心解释变量

数字经济发展水平（DIG）。参考赵涛等（2020）的做法，从基础设施、产业收益、人力资源以及数字金融四个方面构建数字经济发展综合指标，并通过熵值法进行测算。其中，在基础设施方面，以每百人移动电话用户数以及每百人互联网接入用户数表示；在产业收益方面，以人均电信业务收入以及人均邮政业务收入表示；在人力资源方面，分别以交通运输、仓储及邮政业从业人员数与信息传输、计算机服务和软件业从业人员数在社会从业人员总数中的占比表示；在数字金融方面，以北京大学数字普惠金融指数（郭峰等，2020）表示。

3.调节变量

城市金融发展水平（FIN）。参考陈文等（2021）的做法从深度和宽度两方面刻画城市金融发展水平，具体从金融相关比以及金融人力资源两方面进行量化。城市金融深度（FIN_1）以年末金融机构存贷款余额与地区 GDP 的比值表示。城市金融宽度（FIN_2）以金融从业人员数与地区年末总人口数的比值表示。

4.控制变量

综合现有研究成果，笔者考虑城市特征并尽可能控制影响环境技术进步偏向的其他因素，最终选取以下控制变量：人口规模（POP），以年末人口总数表示；能源强度（ES），以能源消耗量与城市 GDP 的比值表示；环境规制（ER），参考杨振兵等（2016）做法，同时考虑投入和产出的双重规制效果，然而城市层面缺少政府环境治理投入数据，但又考虑到重视程度越高则相应投入一般也较多，因此笔者通过政府报告中的环保词频占比从侧面体现地方政府对环境治理的重视程度，并以此替代缺失的投入数据。在产出方面，借鉴叶琴等（2018）

做法通过废水、二氧化硫、烟尘等排放数据计算。具体做法如下:

首先,对各类单位产值污染排放数据进行标准化处理。

$$\text{SUE}_{id} = \left[\text{UE}_{id} - \min(\text{UE}_d)\right] / \left[\max(\text{UE}_d) - \min(\text{UE}_d)\right]$$

式中,UE_{id} 为 i 市污染物 d 的单位 GDP 排放量。

其次,测算各类污染物的调整系数以反映各城市的污染差异。

$$W_{id} = \text{UE}_{id} / \text{AUE}_{id}$$

式中,AUE_{id} 表示各市污染物 d 的均值。

再次,根据标准化后的排放数据以及调整系数加权计算污染排放指数。

$$S_i = 1/3 * \sum (\text{SUE}_{id} * W_{id})$$

最后,计算环境规制指数。

$$\text{ER}_i = \text{EW}_i / S_i$$

式中,EW_i 为 i 市政府报告中的环保词频在总词频中的占比。

商业环境(CEI),以城市商业信用环境指数表示;经济发展水平(PGDP),以人均实际 GDP 表示;财政支持(GOV),以科学、教育支出在地方财政支出中的占比表示;产业结构(IND),考虑到产业结构升级的一般趋势,笔者以 $\text{IND}=\sum j*Y_j$ 衡量各市产业结构,其中 Y_j 表示 j 产业的占比。在实证研究中,为避免异方差等影响,对以上控制变量均采取对数化处理,主要变量的描述性统计结果如表 4-1 所示。

表 4-1 描述性统计

变量	数量	平均值	中间值	异方差	最小值	最大值
BIAS	2 502	0.677	1.000	0.468	0.000	1.000
DIG	2 502	0.082	0.064	0.067	0.012	0.739
DIG^2	2 502	0.011	0.004	0.032	0.000	0.547
POP	2 502	451.394	377.950	321.548	19.500	3 416.000

续表

变量	数量	平均值	中间值	异方差	最小值	最大值
ES	2 502	0.083	0.053	0.336	0.004	14.902
ER	2 502	3.664	0.059	95.786	0.000	3 137.494
CEI	2 502	70.373	69.884	3.591	61.890	90.630
PGDP	2 502	10.084	7.184	9.501	1.007	100.186
GOV	2 502	19.360	19.453	4.129	4.754	37.22
IND	2 502	2.272	2.271	0.194	0.990	2.982
FIN_1	2 502	0.944	0.779	0.611	0.098	11.060
FIN_2	2 502	0.592	0.360	1.077	0.001	24.905

三、实证研究

（一）基准回归分析

使用 Xtlogit 模型，在同时控制时间和个体效应的情况下，对数字经济的一次项和二次项进行回归，结果如表 4-2 中 m1 所示，一次项以及二次项均显著。随后逐步添加控制变量，以排除其他因素的干扰，回归结果如 m2~m8 所示，核心解释变量的一次项、二次项始终显著。根据 m8，数字经济一次项系数显著为正，二次项系数显著为负，初步判断可能存在倒 U 形关系，也即随着城市数字经济发展水平的提高，城市层面环境技术进步偏向形成可能存在先升后降的非线性变化。进一步对 m8 进行 Utest 以检验倒 U 形关系，结果显示左端斜率为 7.567 1 且显著，右端斜率为-25.449 9 且显著，P 值为 0.023 5，在 5%的显著性水平下拒绝原假设，表明存在倒 U 形关系；极值点为 0.178 5，在数字经济发展水平的取值范围内，且极值点 95%的置信区间[0.018 1，0.260 0]也在取值范围内。因此，数字经济发展水平与环境技术进步偏向之间存在倒 U 形关系。在拐点左侧，数字经济发展水平的提升放大了城市整体环境技术进步偏向形成的需求机制，且此时受益于数字技术的应用，环境技术进步偏向的可行性处于较高水平，从而环境技术进步偏向形成的可能性上升；在拐点右侧，虽然需求依旧处于较高水平，但随着数字经济的发展，"竞争效应"的强化破坏了初期建立的协作关系，同时"路径依赖"的隐患以及"信息超载"等问题逐渐暴露出来，弱化了环境技术进步偏向形成的可行性机制，最终在双重机制交互作用下，环境技术进步偏向形成的可能性下降。

表 4-2　基准回归

变量	m1	m2	m3	m4	m5	m6	m7	m8
DIG	6.782* (3.933)	7.702* (3.972)	7.890** (3.974)	7.811** (3.975)	7.933** (3.983)	8.011** (3.985)	8.105** (3.991)	8.098** (3.992)
DIG^2	−19.846** (8.487)	−22.395*** (8.615)	−22.301*** (8.608)	−22.017*** (8.606)	−22.539*** (8.619)	−22.634*** (8.623)	−22.724*** (8.630)	−22.689*** (8.632)
ln POP		2.331** (1.156)	2.544** (1.170)	2.807** (1.185)	2.634** (1.174)	2.588** (1.188)	2.739** (1.220)	2.836** (1.247)
ln ES			0.319** (0.153)	0.396** (0.155)	0.402*** (0.155)	0.377** (0.160)	0.374** (0.160)	0.374** (0.160)
ln ER				0.254*** (0.057)	0.256*** (0.057)	0.264*** (0.059)	0.262*** (0.059)	0.262*** (0.059)
ln CEI					3.835* (2.330)	3.938* (2.337)	3.900* (2.339)	3.953* (2.342)
ln PGDP						−0.247 (0.425)	−0.217 (0.428)	−0.199 (0.431)
ln GOV							−0.272 (0.459)	−0.273 (0.460)
ln IND								0.480 (1.105)
N	2 457	2 457	2 457	2 456	2 456	2 456	2 456	2 456
时间效应	控制	控制	控制	控制	控制	控制	控制	控制

续表

变量	m1	m2	m3	m4	m5	m6	m7	m8
个体效应	控制	控制	控制	控制	控制	控制	控制	控制
log likelihood	−1017.903	−1015.701	−1013.497	−1002.350	−1000.994	−1000.824	−1000.648	−1000.554

注：括号内为标准误，*、**、***分别表示在10%、5%、1%的程度上显著，下同。

（二）内生性检验

对于潜在的内生性问题，笔者参考黄群慧等（2019）、韩璐等（2021）做法，以 1984 年各市邮局数与近年全国互联网接入用户数的交互项（IV）作为工具变量。并且由于本节考察非线性关系，因此分别以 IV 的一次项和二次项（IV²）作为 DIG 和 DIG² 的工具变量，通过 2SLS 进行内生性检验（见表 4-3）。第一阶段，分别以 DIG 和 DIG² 作为因变量与其对应的工具变量及控制变量进行回归并计算拟合值，两次回归结果的 F 统计量均大于经验值 10，表明不存在弱工具变量问题。第二阶段，以环境技术进步偏向为因变量通过 Xtlogit 模型对一阶段拟合值进行回归。回归结果显示 yhat 显著为正，yhat² 显著为负，表明在考虑内生性问题后，数字经济发展与环境技术进步偏向之间依然存在倒 U 形关系。

表 4-3 内生性检验

变量	m9	m10	m11
IV	0.036*** （0.005）		
IV²		0.004*** （0.001）	
yhat			71.802*** （27.163）

续表

变量	m9	m10	m11
yhat²			−201.953**
			(84.083)
ln POP	−0.009	0.008	4.557***
	(0.013)	(0.007)	(1.502)
ln ES	−0.004*	−0.002**	0.264
	(0.002)	(0.001)	(0.185)
ln ER	−0.000	−0.000	0.220***
	(0.001)	(0.000)	(0.063)
ln CEI	0.030	0.020	5.187**
	(0.029)	(0.015)	(2.599)
ln PGDP	0.012**	0.004	−0.045
	(0.005)	(0.003)	(0.475)
ln GOV	0.009	0.001	−0.881*
	(0.006)	(0.003)	(0.516)
ln IND	−0.004	−0.007	−0.575
	(0.014)	(0.007)	(1.210)
_cons	−0.029	−0.127*	
	(0.142)	(0.072)	
N	2 501	2 501	2 456
时间效应	控制	控制	控制
个体效应	控制	控制	控制
R^2	0.299	0.093	
F	58.76	14.17	
log likelihood			−1 000.656

（三）稳健性检验

为验证研究结果的稳健性，笔者从样本及变量角度进行检验（见表4-4）。一是逐步剔除超大城市和省会城市。剔除北京、上海、天津、重庆后回归结果如 m12 所示，DIG^2 系数依然显著为负。进一步剔除其他省会城市，回归结果如 m13 所示，倒 U 形关系依然存在。二是对所有连续变量进行 Winsor 处理以剔除异常值影响，处理后回归结果如 m14 所示。三是更换核心解释变量测算方式。通过主成分分析构建数字经济发展指标（ZDIG），回归结果如 m15 所示。在以上多种检验下，数字经济的二次项系数始终显著为负，表明数字经济发展与城市环境技术进步偏向形成之间存在倒 U 形关系，且该结论具备稳健性。

表4-4 稳健性检验

变量	m12	m13	m14	m15
DIG	7.886** (4.005)	7.931* (4.329)	7.898* (4.465)	
DIG^2	−21.705** (8.755)	−21.854** (9.518)	−22.203** (10.727)	
ZDIG				0.121 (0.174)
$ZDIG^2$				−0.044* (0.026)
ln POP	2.794** (1.242)	3.683*** (1.420)	2.035* (1.233)	2.894** (1.282)
ln ES	0.368** (0.161)	0.390** (0.162)	0.298* (0.173)	0.372** (0.160)
ln ER	0.261*** (0.059)	0.257*** (0.061)	0.282*** (0.062)	0.258*** (0.059)
ln CEI	4.607* (2.385)	4.459* (2.486)	4.042* (2.387)	4.080* (2.353)
ln PGDP	−0.162 (0.431)	−0.176 (0.443)	−0.362 (0.430)	−0.185 (0.431)

续表

变量	m12	m13	m14	m15
ln GOV	−0.278	−0.244	−0.118	−0.271
	(0.461)	(0.476)	(0.505)	(0.459)
ln IND	0.478	0.456	0.512	0.494
	(1.108)	(1.189)	(1.231)	(1.105)
N	2 429	2 195	2 456	
时间效应	控制	控制	控制	控制
个体效应	控制	控制	控制	控制
log likelihood	−989.153	−895.480	−1 003.946	−1 002.641

（四）调节效应

根据理查德等（Richard et al., 2015）的观点，应同时加入调节变量与核心解释变量一次项、二次项的交互以更完整地呈现调节变量的作用。结果如表4-5所示，DIG^2系数均在1%的水平下显著为负。城市金融深度与数字经济一次项的交互系数显著为正，而二次项交互系数则不显著，初步判断城市金融深度改变了原本倒U形的拐点。接着，通过画图直观呈现曲线变化，其中，$\ln FIN_1$取均值表示中$\ln FIN_1$，并分别取均值加减一个标准差表示高$\ln FIN_1$和低$\ln FIN_1$。由图4-2可以看出，随着$\ln FIN_1$的增大，倒U形曲线拐点明显右移，曲线两端也更为陡峭。进一步的Utest检验结果表明，$P=0.009\ 7$，加入城市金融深度作为调节变量，主效应依然在1%的显著性水平上通过检验，极值点约为0.183 8，同样说明拐点右移。

城市金融宽度与数字经济一次项的交互系数显著为正，二次项系数显著为负，初步判断城市金融宽度对倒U形关系存在调节作用。同样通过绘图的方式进行佐证，由图4-3可以看出，随着$\ln FIN_2$的增大，倒U形曲线两端变得更加陡峭，但拐点移动较不明显。进一步的Utest检验结果表明，$P=0.003\ 4$，加入城市金融宽度作为调节变量，主效应依然在1%的显著性水平上通过检验，极值点约为0.199 0，说明拐点右移。

表 4-5　调节效应

变量	m16	m17
DIG	9.776**	12.287***
	(4.099)	(4.472)
DIG^2	−26.592***	−30.865***
	(8.787)	(9.581)
c.DIG#c.ln FIN$_1$	11.177**	
	(5.408)	
c.DIG^2#c.ln FIN$_1$	−20.445	
	(15.944)	
ln FIN$_1$	−0.923**	
	(0.411)	
ln POP	2.463*	2.935**
	(1.304)	(1.255)
ln ES	0.335**	0.389**
	(0.163)	(0.161)
ln ER	0.279***	0.272***
	(0.059)	(0.059)
ln CEI	4.275*	4.020*
	(2.355)	(2.347)
ln PGDP	−0.527	−0.169
	(0.531)	(0.433)
ln GOV	−0.319	−0.313
	(0.461)	(0.461)
ln IND	0.450	0.659
	(1.110)	(1.114)
c.DIG#c.ln FIN$_2$		4.968*
		(2.539)
c.DIG^2#c.ln FIN$_2$		−12.579*
		(6.663)

续表

变量	m16	m17
ln FIN$_2$		−0.363** （0.172）
N	2 456	2 456
时间效应	控制	控制
个体效应	控制	控制
log likelihood	−996.928	−998.074

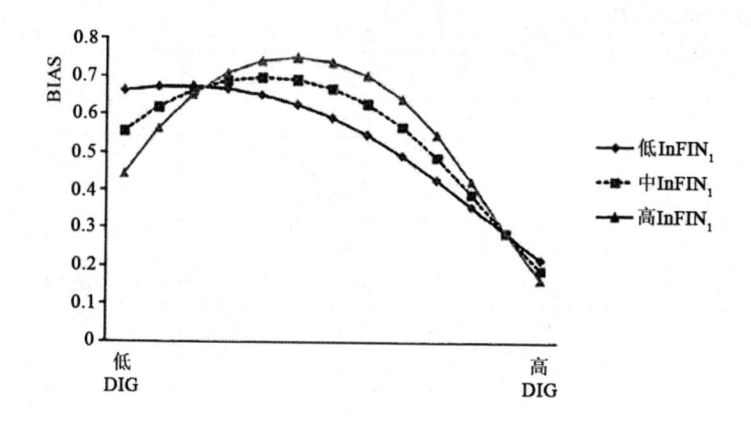

图 4-2　城市金融深度调节效应

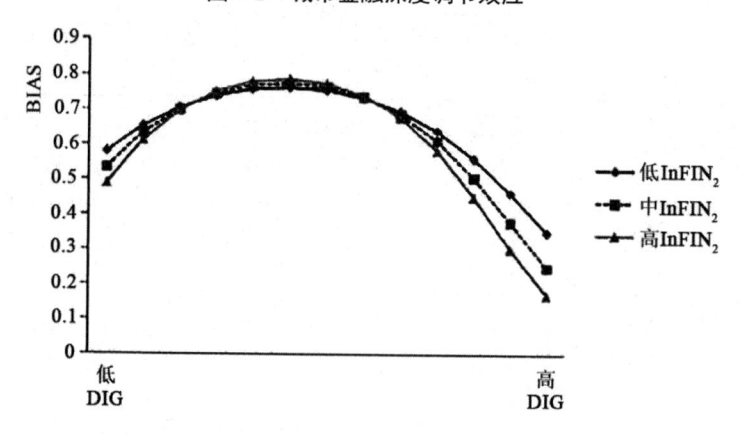

图 4-3　城市金融宽度调节效应

四、研究结论与政策建议

（一）研究结论

笔者基于我国 2011—2019 年 278 个地级市的样本数据，从技术进步偏向视角考察数字经济的创新特征以及绿色价值，从需求以及可行性机制两方面分析城市数字经济发展与其环境技术进步偏向形成之间的非线性关系，并进一步探究城市金融发展在其中的调节作用。实证结果表明：第一，数字经济对城市环境技术进步偏向形成具有倒 U 形关系；第二，城市金融发展水平提升会强化环境技术进步偏向的可行性机制，弱化需求机制，进而调节倒 U 形关系。

（二）政策建议

基于以上结论，笔者提出以下建议：

第一，城市数字经济发展应注重整体规划，促进数字化与绿色化的融合发展，关注数字化与绿色化的协调性、匹配性，以更好地发挥数字经济的绿色价值和创新价值，兼顾经济效益与生态效益。

第二，研发项目具有专业性、复杂性等特质，而数字技术的渗入会有力地促进企业充分调动内部资源以提高研发效率。因此，对企业而言，应适当加快数字化转型，发挥数字技术的优势，对各生产环节能源投入以及排放数据进行实时监测和分析，促进相关部门深入开展节能减排专项技术研发，实现能源要素的高效利用。

第三，企业应谨慎选择协作伙伴。随着数字化水平提升以及研发难度提高，企业应谨慎选择潜在竞争者作为协作伙伴，寻找最佳协作尺度，建立适当的保护机制以防范知识泄露风险，避免"竞争效应"弱化协作成效。此外，企业也应警惕"路径依赖"风险，不断强化自身的研发能力，提高合作质量，进而提升城市层面环境技术进步偏向的可行性。

第四，加快城市金融的数字化和绿色化转型，进一步提升城市金融发展水平，为企业提供更为充裕的信贷资金，纠正金融资源在不同属性、领域以及产业等方面的错配问题，进而优化企业绿色创新融资环境，发挥好城市金融的调节作用。

第五节　城市环境治理水平与经济发展水平的协调性

创新环境治理理念和方式，实施最严格的环境保护制度，是满足人民日益增长的优美生态环境需要的必经之路。2019年《政府工作报告》明确提出：统筹兼顾、标本兼治，使生态环境质量持续改善；加强污染防治和生态建设，大力推动绿色发展。绿色发展是构建现代化经济体系的必然要求，也是解决污染问题的根本之策。中国城市运行的实践表明：经济发展水平较高的地区往往具有较为完善的城市环境治理体系，完备的基础设施系统能够激发社会主体及时有效整治环境污染的积极性；而经济发展水平较低的地区缺乏相应的城市环境治理设施，严重影响了环境质量。这说明经济发展水平与城市环境治理水平存在一定的关系，研究城市环境治理水平与经济发展水平协调性是十分必要的。

一、研究现状

城市环境治理水平作为城市经济发展中的关键性变量，受到了理论界和政府部门的高度关注。城市环境治理水平与经济发展水平之间的关系如何，怎样实现二者的良性互动和协同发展，成为各国城市运行中的重要议题。国内学者对此也给予了热切而持久的关注。沈亚芳等（2005）认为，对外贸易的发展虽然带来了经济发展，但同时也带来了发达国家的污染转移问题。韩强等（2009）以社会总投资额这一变量作为环境治理的投入量，对环境治理投资的绩效进行了分析。袁晓玲等（2009）、罗能生（2014）、许正松等（2014）研究发现，经济发展水平对环境有着不同形式的影响。徐成龙等（2014）研究了山东省城市环境治理效率，指出人均生产总值以及外商投资对于城市环境治理效率的提升具有明显的正向影响，而工业产值比重则明显对环境治理效率具有负向影响。李子豪等（2018）认为，经济发展水平越高对环境治理动态绩效的正向作用越明显。

目前，已有研究表明，城市环境治理水平与经济发展水平具有直接的内在联系，但二者之间到底存在怎样的协调关系、呈现出何种空间特征等，学界对此缺乏实证性的分析。因此，笔者在考虑到数据的可得性和城市经济发展的现实基础之上，以中国 31 个省（区、市）为研究对象（由于数据缺失，香港、澳门和台湾暂不纳入研究范畴），对其地级及以上城市的环境治理水平和经济发展水平进行测度，同时，对二者协调性的时空特征进行分析，明确其内在的异质性，以期为实现中国城市"经济-环境"的可持续协调发展提供新思路。

二、城市环境治理水平与经济发展水平协调性的指标体系构建

（一）数据来源

笔者所使用的数据主要来源于 2009—2018 年《中国城市统计年鉴》和各省（区、市）的统计年鉴，部分数据来源于各地区的统计公报，个别缺失数据采用线性回归方法估算求得。

（二）指标体系构建

为能够准确评价城市环境治理水平与经济发展水平之间的协调关系，借鉴已有相关研究（李晔等，2001；王连芬等，2012），基于环境治理强度和环境治理效果两个维度，选取9个指标，构建城市环境治理水平评价体系。对于城市经济发展水平的测度主要从经济发展实力、经济发展潜力和经济发展活力三个层面予以考虑（袁晓玲等，2017），共筛选出14个指标，构建城市经济发展水平的评价指标体系。笔者在指标层进一步丰富了体现城市环境治理水平和城市经济发展水平的测度指标，具体如表4-6所示。

表4-6 城市环境治理水平及经济发展水平的评价指标体系

目标层	准则层	权重	指标层	权重
城市环境治理水平	环境治理强度	0.421 3	城市环境基础设施建设投资总额（亿元）	0.104 4
			工业污染治理投资总额（万元）	0.103 9
			当年完成环保验收项目环保投资（万元）	0.103 2
			水利、环境和公共设施管理从业人数（万人）	0.109 8
	环境治理效果	0.578 7	SO_2达标率（%）	0.116 0
			废水处理率（%）	0.116 1
			工业固体废物利用率（%）	0.114 4
			生活垃圾无害化处理率（%）	0.115 8
			建成区绿化覆盖率（%）	0.116 4
城市经济发展水平	经济发展实力	0.501 1	人均地区生产总值（元）	0.073 8
			规模以上工业总产值（万元）	0.065 9
			人均可支配收入（元）	0.075 3
			生产总值增速（%）	0.075 8
			对外开放程度（%）	0.065 3
			第二、三产业就业人口比重（%）	0.075 9
			地方财政一般预算内收入（万元）	0.069 1

续表

目标层	准则层	权重	指标层	权重
城市经济发展水平	经济发展潜力	0.222 5	固定资产投资总额（万元）	0.070 1
			社会消费品总额占生产总值比重（%）	0.076 4
			城市化程度（%）	0.076 0
	经济发展活力	0.276 4	科技支出占政府支出比重（元）	0.071 9
			城乡收入比（%）	0.076 4
			专利数（件）	0.058 8
			城市道路面积（万平方米）	0.069 3

（三）研究方法

在对数据标准化处理的基础上，采用熵值法对城市的环境治理水平、经济发展水平进行综合测算，最终得到城市环境治理水平与经济发展水平的各指标权重和综合得分。运用协调度模型对城市环境治理水平与经济发展水平的协调性进行测算。具体模型如下：

$$C = \frac{\sqrt{U_i \cdot V_i}}{U_i + V_i}$$

式中，C 是耦合度值；U 是城市环境治理水平；V 是经济发展水平。

$$T = \alpha U_i + \beta V_i$$

$$D = \sqrt{CT}$$

式中，T 代表综合协调指数；D 代表协调度值；α 代表城市环境治理水平的重要性；β 代表经济发展水平的重要性。

在本节中，城市环境治理水平与经济发展水平同等重要，故此将 α、β 分别设定为 0.5。D 的最终测算指数反映了二者之间的关系，数值越大，说明城市环境治理水平与经济发展水平之间的协调性越好。

为了能够直接反映城市环境治理水平与经济发展水平之间的协调关系，对两个系统的协调度值进行了基本分类，并划分等级，如表 4-7 所示。

表 4-7 协调度等级评价标准

协调度	协调等级	协调度	协调等级
0<D≤0.3	严重失调	0.5<D≤0.6	基本协调
0.3<D≤0.4	轻度失调	0.6<D≤0.7	比较协调
0.4<D≤0.5	勉强协调	0.7<D≤1.0	高级协调

三、城市环境治理水平与经济发展水平的时空差异分析

（一）城市环境治理水平的时空差异分析

从时间演化趋势看，2008—2017 年间我国城市环境治理水平呈波浪式上升趋势。具体而言，2008—2009 年，江苏、浙江、山东、河南、广东、海南、四川以及宁夏的城市环境治理水平呈现小幅度下降；2009—2011 年，大部分地区的城市环境治理水平呈现稳步提升状态，而北京、吉林、上海、浙江、湖南、广西、海南、西藏以及陕西经历了先提升后下降的发展历程；2011—2015 年，天津、河北、内蒙古、辽宁等地城市环境治理水平波动起伏较大，但总体呈现上升的趋势；2015—2017 年，各地区的城市环境治理水平虽然在持续提升，但增长幅度明显低于 2015 年之前。

从空间分布格局看，城市环境治理水平具有显著的区域性差异，呈现"东高西低"的空间分布格局。山东、浙江、江苏的城市环境治理水平显著高于其他地区和全国的整体水平；青海、西藏的城市环境治理水平远远落后于全国平均水平；西部大多数地区的城市环境治理水平较低，且增长速度落后于东部地区；中部和东北地区，城市环境治理水平经历了小幅下降后均提升到了平均水平之上。但是，从绝对数值看，目前中国的城市环境治理水平仍然偏低。

（二）城市经济发展水平的时空差异分析

从时间演化趋势看，2008—2017年中国城市经济发展水平整体呈现稳步上升态势，正逐步转入经济高质量发展阶段。其中，2009—2016年城市经济发展水平稳步提升，仅在2015年前后个别城市略有下降；2016—2017年间，中国经济再一次进入转型期与放缓期。

从空间分布格局看，除福建、海南以外，东部地区的经济发展水平远高于其他地区，完善的城市功能以及合理的产业布局使其经济率先迈向高质量发展阶段；中部地区经济发展水平虽然落后于东部地区，但基本达到了平均水平；而东北地区和西部地区的经济发展水平较低，尤其是青海、甘肃、西藏，远低于全国平均水平。总体而言，中国的城市经济发展水平处于上升阶段，东北振兴、西部大开发以及中部崛起等政策的实施带动了地区经济的发展，缩小了与东部地区的差距。

四、城市环境治理水平与经济发展水平的协调性分析

（一）城市环境治理水平与经济发展水平协调度的时序变化

根据城市环境治理水平与经济发展水平的综合得分，利用协调度模型计算出2008—2017年中国31个省（区、市）地级及以上城市环境治理水平与经济发展水平的协调度。

结果显示：2008—2017年城市环境治理水平与经济发展水平协调度的均值呈稳定上升状态；城市环境治理水平与经济发展水平总体呈现同步上升趋势。这表明中国在关注经济增长的同时也日益重视城市环境质量。但是，就协调度的数值来看仍处于较低水平，大部分城市处于轻度失调和勉强协调状态。这说明尽管城市环境治理水平与经济发展水平总体发展态势良好，但协调层级较低，正处于由失调向协调转型的过渡期。

（二）城市环境治理水平与经济发展水平协调度的空间变化

在2008—2017年10年间，城市环境治理水平与经济发展水平的协调度具有明显的空间分布特征与时间演变特征。根据表4-7协调度等级评价标准，对其不同发展阶段加以分析说明。

第一，严重失调阶段（$0<D\leqslant0.3$）。2009年，贵州、西藏、甘肃和青海处于严重失调状态；2010年，除西藏和青海外，其他地区均进入轻度失调阶段。这说明其城市经济发展较为落后，城市环境治理水平与经济发展水平没有形成动态协调关系。

第二，轻度失调阶段（$0.3<D\leqslant0.4$）。2009年，以吉林、黑龙江、广西、海南、云南、宁夏和新疆等地为典型，且在2017年仍处于轻度失调阶段。2011—2015年从21个地区减少为13个。2011—2013年间，许多地区从轻度失调阶段转入勉强协调阶段，这说明城市环境治理水平与经济发展水平的协调性呈动态上升趋势，区域一体化发展战略与经济社会同步发展的政策在很大程度上提升了城市环境治理水平与经济发展水平的协调性。

第三，勉强协调阶段（$0.4<D\leqslant0.5$）。2009年，北京、上海、江苏、浙江、山东、广东就已经处于这一阶段，2015年在原来6个省区的基础上增加到13个，2017年处于此阶段的地区为14个。勉强协调阶段属于城市环境治理水平与经济发展水平的磨合期，二者形成了较为固化的联动发展模式，较难迈入下一发展阶段。

第四，基本协调阶段（$0.5<D\leqslant0.6$）。目前，进入基本协调阶段的有浙江、山东和广东，其均位于东部地区，且其城市环境治理水平与经济发展水平的协调性始终领先于其他地区，这说明这类地区的城市环境治理与经济发展已经形成了良性的互动发展格局。浙江、山东和广东虽然处于基本协调阶段，但整体而言数值偏低，短时间无法进入下一发展阶段。

第五，比较协调阶段（$0.6<D\leqslant0.7$）。2015年以来，只有江苏省达到了此阶段，但从发展趋势来看，倘若要进一步提升其环境治理水平和经济发展水平

的协调性，则存在着较大难度。这说明此发展阶段构成了协调发展的瓶颈期。

第六，高级协调阶段（$0.7<D\leqslant1.0$）。根据实证结果，目前中国还没有一个地区进入高级协调阶段。中国的经济建设正经历着一次全新的转型发展，在产业布局与资源的消耗等问题上将面临新的挑战，这势必会对区域内的生态环境和资源承载力造成巨大的压力，导致城市环境治理水平与经济发展水平很难实现质的飞跃。

由上述可知，目前大多数地区处于轻度失调与勉强协调阶段。但是，随着城市化的深入推进与转型发展，必然会产生新的经济发展动力。以产业结构的现代化带动城市经济高质量发展，强化环境与经济发展的联动性，降低经济发展对环境造成的影响，形成完备的可持续发展系统，实现城市环境治理水平与经济发展水平的同步，势在必行。

第五章 城市经济与市场互动理论基础

第一节 房地产市场与城市经济协调发展

一、房地产市场与城市经济的传导机制

关于城市经济对房地产市场的传导机制分析,笔者主要围绕城市经济运行和城市经济增长对房地产市场总量、结构和空间布局的影响展开。

下面通过迪帕斯奎尔-惠顿的四象限模型及其模型拓展阐释城市经济对房地产市场总量的影响,同时从产业结构升级和经济增长的角度研究城市经济运行对房地产市场结构和空间布局的影响。

(一)迪帕斯奎尔-惠顿四象限模型

在这里,将房地产市场分为房地产资产市场和房地产物业市场,其中资产市场反映资产供求及其交易关系(或称产权关系),物业市场反映物业供求关系(或称使用关系)。

1.几个重要假定

第一,模型只考虑房地产市场中最重要的两个市场,即房地产资产市场(资

产市场）和房地产物业市场（使用市场），而且物业市场与资产市场一样发达。第二，物业市场上的存量供给由资产市场给定，其含义是：资产供求关系决定资产价格 P，外生因素决定资本化率 i。由于 $P=R/i$，因此在此关系式中，只要 P、i 给定后，R 也就确定了。物业市场存量与物业租金水平 R 为确定性关系（或函数关系），因此物业市场存量最终被资产市场给定了。第三，资本化率（即租金和价格的比值）被看作一种外生变量，它是根据利率和资本市场上各种资产（股票、债券、短期存款等）的投资回报率确定的。

2.模型中各要素之间的关系

由于房地产是一种耐用消费品，其生产和价格是在资产或资本市场中决定的。在这种市场中，拥有房地产资产的需求必须等于房地产资产的供给。类似地，零售商业中心物业的价格或价值取决于希望拥有这类物业的投资者的数量，以及可供人们投资拥有此类物业的数量。在这两种情况下，如果其他条件不发生变化，则拥有这些资产的需求增加会导致其价格上升，而过多的房地产资产供给会导致其价格下降。

房地产资产的新增供给主要来源于新项目的开发建设，并取决于这些房地产的资产价格以及与之相关的重置成本。从长期看，在房地产资产市场，房地产的市场价格应该等于包括土地费用在内的重置成本。从短期看，由于房地产的建设周期较长，再加上其他特殊情况，成本和价格之间会发生较大的背离。例如，拥有物业的需求突然增加，而房地产资产的供给又相对固定，肯定会导致物业价格的上升。当房地产的价格高于房地产开发成本时，就会出现新的开发项目。随着新项目逐步推向市场，需求逐渐得到满足，价格开始向重置成本回落。在房地产使用市场（物业市场），需求来源于物业的使用者，这些使用者既可以是租客或业主，也可以是企业或家庭。对企业来说，空间是其众多生产要素的一种，和其他要素一样，其使用数量取决于企业的产出水平和与之相关的空间使用成本。一个家庭的消费支出结构是多样化的，住房只是其中的一个部分。家庭住房需求的数量取决于其收入水平以及住房消费与其他如食物、服装或文化娱乐等消费成本的相对比较。对于企业或家庭来讲，使用物业的成本就是为了获得房屋的使用权所需的年度支出额,即租金。对承租人来说,租金是在租约中明确指定的。对于业主来说,租金被定义为与物业所有权相联系的年度成本。

租金是根据物业市场上的空间使用情况确定的,而不是根据资产市场上的所有权价值确定的。在物业市场上,使用空间的供给量是一定的(来源于房地产资产市场)。对物业的需求取决于租金和诸如公司的生产水平、收入水平或者家庭数量等一些其他外在经济因素。物业市场的作用就是确定一个租金水平,在这个水平上,对物业的使用需求等于建筑物的供给。在其他条件或因素保持不变的情况下,当家庭数量增加或企业生产规模扩大时,空间的使用需求就会上升。在供给不变的情况下,租金就会上涨。

在图 5-1 中,左侧的两个象限(第Ⅱ象限和第Ⅲ象限)代表资产市场,右侧的两个象限(第Ⅰ象限和第Ⅳ象限)代表物业市场。资产市场和物业市场有两个结合处:第一,物业市场上形成的租金水平是决定房地产资产需求的关键因素。毕竟,在获得一项资产时,投资者实际上是在购买当前或未来的收益流量,因此物业市场上租金的变化会立即影响到资产市场上的所有权需求。第二,两个市场在开发或者建设部分也有结合点。如果新建设量增加且资产的供给量也增加,那么不仅会使资产市场上的价格下滑,而且会使物业市场上的租金随之下调。

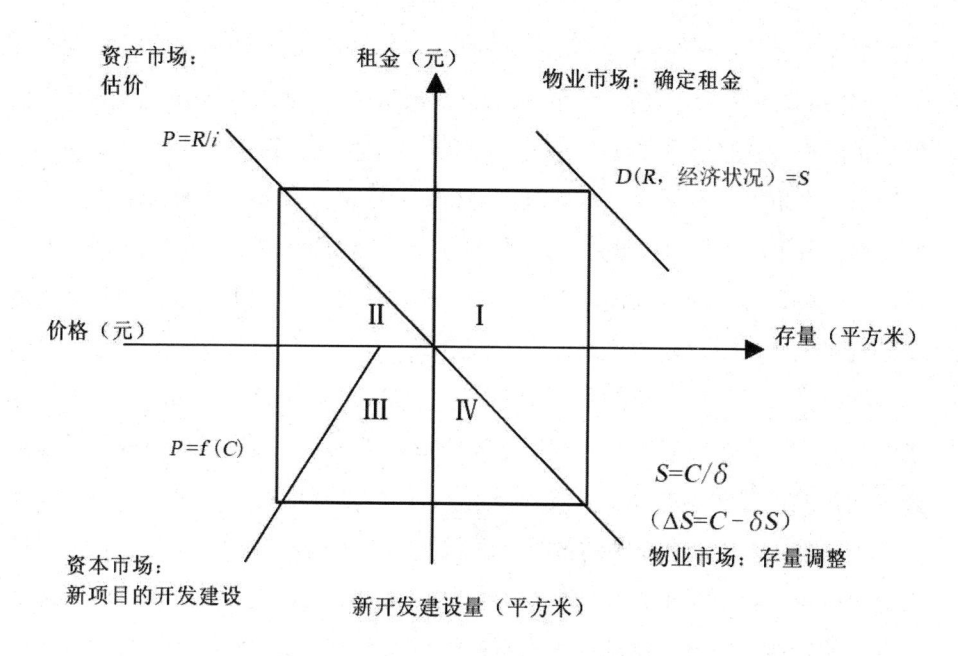

```
资产市场：          租金（元）
估价                  ↑         物业市场：确定租金
  P=R/i                          
                                  D(R,经济状况)=S
                    II │ I
价格（元) ←─────────┼─────────→ 存量（平方米)
                    III│ IV
    P=f(C)                       
                                  S=C/δ
                                  (ΔS=C-δS)
资本市场：                        物业市场：存量调整
新项目的开发建设    新开发建设量（平方米）
```

图 5-1 迪帕斯奎尔-惠顿的四象限模型

第Ⅰ象限有两个坐标轴：租金（每单位空间）和存量（指物业存量，也以空间的计量单位进行衡量，如平方米）。曲线表明在国家特定的经济条件下，对物业的需求数量怎样取决于租金。如果不管租金如何变化，家庭或企业的物业需求数量都不变（非弹性需求），那么曲线会变成一条完全垂直的直线；如果物业的需求量对于租金的变化非常敏感（弹性需求），那么曲线会变得更为水平。

为了使物业需求量 D 和物业存量 S 达到均衡，必须确定适当的租金水平 R，使需求量等于存量。需求量是租金水平 R 和经济状况的函数：

$$D（R, 经济状况）= S$$

第Ⅱ象限代表了资产市场的第一部分，有租金和价格两个坐标。以原点为起点的这条射线，其斜率代表了房地产资产的资本化率，即租金和价格的比值。这是投资者愿意持有房地产资产的当前期望的收益率。一般地讲，确定资本化率，至少要考虑四个方面的因素：经济活动中的长期利率、预期的租金上涨率、与租金收入流量相关的风险、政府管理部门对房地产的税收政策。射线向顺时针方向转动，表示资本化率提高；射线向逆时针方向转动，表示资本化率下降。用给定的租金水平 R 和资本化率，可以确定房地产资产的价格。

房地产资产的价格也可以通过图解得到：以第Ⅰ象限确定的租金水平为起点，画一条平行于横轴的直线，这条直线与资本化率线相交，再以该交点为起点，画一条垂直横轴的直线，这条直线与横轴（价格轴）相交，这个交点就是在既定租金水平下确定的房地产资产的价格。

第Ⅲ象限是资产市场的另一部分。这个象限对房地产资产形成的原因进行了解释。这里的射线 $f(C)$ 代表房地产的重置成本。由假设条件可知，新项目开发建设的重置成本随着新开发建设量（C）的增多而增加，所以这条射线向左下方延伸，它在价格横轴的截距是表示保持一定规模的新开发量所要求的最低单位价格。假如开发成本几乎不受开发数量的影响，则这条射线会变成接近于垂直的直线；如果受建设过程的瓶颈因素、稀缺的土地等影响，那么这条射线将会变得较为水平。从第Ⅱ象限确定的房地产资产价格，向下画一条垂直线，再从该直线与开发成本线相交的点画一条水平线，这条线与纵轴相交，这个交点就是在此价格水平下的新开发建设量，此时开发成本等于资产价格。如果房地产新开发建设量低于这个均衡数量，开发商就会获取超额利润；反之，如果其大于这个均衡数量，开发商则可能无利可图。

在第Ⅳ象限，年度新开发建设量（增量）C，被转换为房地产物业的长期存量。在一定时期内，存量变化 ΔS，等于新增房地产数量减去由房屋拆除（折旧）导致的存量损失。折旧率用 δ 表示，则：

$$\Delta S = C - \delta S$$

以原点作为起点的这条射线，代表了使每年的建设量正好等于纵轴上某一个存量水平（在水平轴上）。这就意味着，由于折旧及新竣工量，物业存量不随时间发生变化，此时，$\Delta S = 0$，$S = C/\delta$。

以上给出了"四象限模型"的基本形态，在给定条件下，包含租金、价格、存量和新开发建设量四个变量的房地产资产市场和物业市场是均衡的。从某个存量值开始，在物业市场确定租金，这个租金可以通过资产市场转换成物业价格。接着，这些资产价格可导致新的开发建设量；再转回到物业市场，这些新的开发建设量最终会形成新的存量水平。当存量的开始水平与结束水平相同时，物业市场和资产市场达到均衡状态。假如结束时的存量与开始时的存量之间有差异，那么模型中的四个变量的值并不处于完全的均衡状态。假如开始时的存量数值超过结束时的数值，那么租金、价格和新开发建设量必须增长，最终达到均衡状态；反之亦然。

（二）城市社会经济条件变化对模型的"扰动"——对量的影响

下面，我们让宏观经济状况发生变化，也就是让外生因素"扰动"，在此条件下观察房地产资产市场和物业市场的均衡状况。从理论上讲，宏观经济状况包括诸多因素，如城市经济增长、利率上升、城市化快速发展、政策影响等。

1.城市经济增长

城市经济增长时，投资和信贷在合理范围内增长，第Ⅰ象限内的需求曲线将向右上方移动，这表明在当前（或其他时间）的租金水平有较为强劲的物业使用需求，在生产、家庭收入和家庭数量增加的条件下这种情况就会发生。在可供使用的物业数量保持一定的情况下，物业使用需求的增加会导致租金水平提高，这种较高的租金水平又会引起第Ⅱ象限内物业资产价格的相应提高，进而促使第Ⅲ象限内新开发建设量增加，最后导致第Ⅳ象限内物业存量增加，从而形成新的市场均衡。经济增长能够使住宅市场上的所有变量增长，而经济不景气则会导致所有变量减少。在经济衰退期，空置率上升、新开发建设量下降，租金也会下降。而在经济复苏期，租金上升、新开发建设量增加，空置率下降。

2.利率上升

当经济领域或其他部门的利率上升（或下降）时，那么相对于具有固定收入的债券投资来说，当前房地产投资的收益就会降低（或提高），投资者就会将资金撤出（或投入）房地产领域。在模型中假定，资本市场能够有效地对各种资产的价格进行调节，以便各种投资在进行风险调整之后，能够获得社会平均的税后投资回报。利率下调，会使得以原点为起点、反映资本化率的射线（第Ⅱ象限）沿着逆时针方向旋转，导致资产价格上升，进而诱发新开发建设量的增加（第Ⅲ象限）。最终，这种情况会导致物业存量的增加（第Ⅳ象限）和物业市场上租金的下调（第Ⅰ象限），从而形成一个新的均衡状态。

3.城市化快速发展

通常来说，城市化快速发展会导致城市规模的扩大和城市聚集能力的提高。城市规模和集聚能力主要取决于城市面积、年末总人口及建成区面积、人口密度、暂住人口比例、人口结构等变量。而城市规模及城市集聚能力也间接地反映城市经济聚集程度。

人口的增长、城市面积的不断扩大增加了对物业的使用需求，对模型扰动的效应与城市经济增长对模型的扰动效应是一样的：在城市可供使用的物业数量保持一定的情况下，物业使用需求的增加会导致租金水平提高，这种较高的租金水平又会引起第Ⅱ象限内物业资产价格的相应提高，进而促使第Ⅲ象限内新开发建设量增加，最后导致第Ⅳ象限内物业存量增加，使得城市房地产市场在总量规模和空间规模上不断扩张。

4.政策影响

政府的公共政策变动会对房地产市场构成影响，如国家的货币政策对房地产资产的需求和新项目开发建设规模有着显著影响。上面提出的四象限模型说明了这样的政策变化对房地产市场的影响。

（1）政府资助住宅

政府部门出台一系列用于鼓励开发建设低收入和中等收入家庭住宅的资助办法。一些方式是直接为目标群体建设住宅，而另外一些方式则是帮助家庭支付租金。政府部门拥有产权项目的开发建设，通常能够降低对私人拥有的出租性物业的需求。对私人项目的需求降低会导致第Ⅰ象限的需求曲线向左下方移动，这也将依次降低租金、资产价格、新项目的开发建设，并最终减少私人项目的存量规模。由公共项目建设方式而引起的私人项目开发的减少有时被称为公共建设取代私人建设的挤压。而出租资助方式以几乎与经济扩张相同的方式刺激了住宅需求。这种方式将会使第Ⅰ象限的需求曲线向右上方移动，导致租金、价格、新项目的开发建设以及存量规模的增加。

（2）开发管制

地方政府对于土地的开发规模和开发类型有着较为严格的控制。这样的规章制度常常是为了公众利益，但是这些规定又确实对项目开发造成了两种额外的成本负担：一方面，由于地方政府要求开发商在进行项目建设时申请各种各样的许可证，所以一个项目的必要完成时间经常被多次延期；另一方面，这些规章制度有时会造成项目建设场地的匮乏，提升了土地价格，增加了场地的获取成本。应该遵守的或者约束性的规章制度越多，就越会增加开发成本。这种成本会使第Ⅲ象限的供给射线向左移动。

（3）房地产税收

在地方上，房地产市场往往会受到政府的税收政策的不利影响，主要原因在于名目繁多的各种房地产税收。大多数地方政府依据商业、工业和居住物业的价值直接采用某一个税率进行征税，为其融资服务。这种税收直接提高了房地产业所必需的资本化率。物业税收的增加将会使资本化率按照顺时针方向旋转，结果是降低了资产价格，减少了新项目的开发建设并提高了物业租金。

（4）金融和相关的监管措施

政府设立了许多金融机构，其目的是方便居住类房地产的融资，使地方储蓄有转化为抵押贷款的渠道。这类机构通过有利于投资资金进入抵押贷款领域的办法，能够有效降低抵押贷款的借贷成本，这种情况使得第Ⅱ象限的资本化率射线按照逆时针方向旋转，提高了资产价格，促进了住宅项目的开发建设。同时，政府也会通过许多方式对金融机构进行监管，以便能够增加或者减少长期投资资金和短期项目贷款资金流入非居住性的房地产领域。在四象限模型中，长期融资获取性的降低，将使第Ⅱ象限的资本化率发生变动；短期项目开发融资获取性的降低，将会使第Ⅲ象限中的成本射线发生变动。

需要补充的是，城市宏观经济运行的过程是非常复杂的。当城市总体经济状况进入衰退期时,不仅产出和就业出现紧缩现象,而且通常会出现短期利率的上升。当经济处于扩张阶段时,会出现与上述相反的情况。这些同时发生的变动(或者说多因素变动)会产生新的均衡模式,从最终结果上看,依然是单因素变动所导致的各种影响的叠加。

(三)城市经济运行对房地产市场结构和空间布局的影响

与一般市场不同,异质性是房地产市场的一个非常明显的特征。从用途来说,房地产商品大致分为住宅、办公楼、商业营业用房和其他四大类。其中住宅又包括普通住宅、别墅和高档公寓、经济适用房三类。不同区位商品房的价值显然有着非常大的差异,级差地租对房地产商品有着至关重要的影响。

城市房地产的空间布局本质上是房地产市场内不同产品结构的房地产商品在城市空间区位上的选择。城市经济运行与发展是一个由经济总量增长、经济结构转换和水平提高构成的经济进步过程。房地产市场的空间布局是城市经济运行与发展所导致的空间聚集的结果。而聚集效应对城市具有特别重要的意义,是房地产空间结构形成的重要机制。下面从城市产业结构升级与经济增长的角度分析城市经济运行对房地产市场结构和空间布局的影响。

1.产业结构升级与房地产市场结构和空间布局

城市发展过程中的不同历史时期,是一个产业结构转换和主导产业部门置换的过程,也是资源和包括土地要素的时空配置及其结构形成、调整和转换的过程。在空间结构、产业结构的转换中,城市聚集结构表现了城市产业之间优势地位连续不断更迭的状况。具体地说,在新的产业形成初期,如果该部门的生产和服务满足不了需要,产品或劳务价格上涨,从事该部门生产或服务的企业除获得正常经营利润外,还可获得由供给不足造成产品或劳务价格上涨所形成的超额利润。这使得厂商可根据生产需要,选择适宜地点和用地来扩大再生产。受利益驱使,一些新的厂商转入该部门,该产业进入蓬勃发展期。随着产品或劳务服务增加,价格趋于降低,直至仅获得正常生产经营平均利润,在技术条件日趋成熟的情况下，对聚集经济的依赖不断减弱。为了降低成本，企业不得不寻找适合自身发展的新区位，调整产业布局。当生产或劳务供过于求时，价格下降，过低的产品或劳务价格难以使其获得正常的经营利润，某些厂商退出该部门。这一过程直至供求趋于一致时为止。上述演化过程在城市中不断重复。城市土地结构和房地产空间布局也就相应地根据市场需求变化进行调整。

在产业结构高级化的过程中，伴随着飞跃式的技术变动，大量新兴产业发展，产业结构发生根本变化，城市功能不断走向多样化和现代化。成熟的产业具有相对成熟的生产技术和组织结构，以及较为稳定的交易网络，减少了"面对面"的交流，以及聚集经济的其他方面的需求；而较高层次的产业，新生阶段在生产技术和交易网络等方面的不成熟性和不稳定性，对聚集经济的要求较高。因此，就会出现新产业驱逐成熟产业的现象。为了适应城市空间结构演化的客观规律，把成熟的产业从城市中心区迁移出去，为新的产业和经济效益高的产业腾出发展空间，是许多城市在向现代化迈进过程中，曾经历或正在经历的优化城市空间结构的过程。

随着产业结构的升级，原有的主导产业由于在土地竞争中的劣势而外移。而这种外移又将选择外围地区聚集效应较高，地租、劳动力较便宜的地区。所以，原有主导产业的迁移方向代表了城市扩展的方向，是形成城市扩展的主导因素。

如上所述，产业结构的转换涉及区位功能的变化，需要相应的城市空间结构调整。不同层次和用途的房地产是城市空间结构的物质载体。城市区位的不断更新与改造，促使不同类型的房地产布局进行相应调整。如新的城市中心区的形成，会把原来大量的住宅需求转变为对商业、办公等房地产的需求。城市内工业、制造业的迁出，则空置出大量的土地转变为住宅或者商业房地产用地。

另外，技术进步对城市集聚以及房地产结构和布局的影响也是相当广泛和深入的，它是影响城市集聚最为直接的因素之一，也是城市房地产空间布局演化的动力和创造新的城市形态的活跃因素。随着技术的发展，城市内部各种经济活动的相互排斥与干扰关系减弱，可以相互共生，使城市的生产活动与城市其他活动不再需要相互隔离。但是，由于城市外部效应（不仅仅表现在环境污染方面）、规模经济作用的存在，不同经济收入水平和文化水平的城市居民，会聚集在某一特定功能空间，形成各种类型的社区；具有相同功能性质和密切关联的经济活动，会根据其相互联系，根据原材料和产品运输要求，以及服务部门、基础设施和劳动资源的功能共同利用程度，聚集成区，这是市场机制的结果。城市房地产空间布局将呈现"大分散、小集中"的模式。

2.城市经济增长与房地产市场结构和空间布局

（1）影响城市经济增长的主要因素——投资

城市的投资，一方面构成对资本品的需求，形成当期城市的有效需求；另一方面又会增加城市经济系统的功能，带来生产能力的提高。在城市投资规模确定的条件下，各种投资的来源和使用方向的确定就形成了城市投资结构。

从投资的来源看，城市投资主要来源于企业投资和公共投资两大部分。投资来源不同，不仅会长期影响城市产业结构的状况，而且会对城市聚集效应的分布和房地产空间布局带来不同的影响。

一般来说，对城市教育、治安等公共产品投资的增加，将直接导致城市聚集效应分布的变化和水平的提高，从而引起房地产空间布局的一系列调整。企业流动资产的投资，提高了产品的产量，必将引起原来位于均衡区位的企业的利润增加，从而扩大生产规模，最终迫使地租上升，使居住用地相应调整。固定资产投资，则往往通过技术水平的提高对城市房地产空间布局产生影响。

从投资的使用方向来看，城市投资主要包括两个部分：基本建设投资和非基本建设投资。非基本建设投资一般和技术进步结合在一起，对非基本建设投资的增加，意味着城市整体技术的进步和某个厂商的技术进步。这样，不仅从经济规模上，而且从资本产出效率上，都促进了城市经济增长，并由此带来城市空间结构和相应的房地产空间布局的变化。

大量研究表明，在其他条件相同的情况下，基本建设投资强度的大小与城市聚集效益呈正相关关系。城市基本建设的投资，主要用于两个方向：新区开发和旧区改造。对新区的开发，即将农业用地变成城市用地，从而使城市用地向外扩展。城市新区形成的首要前提是足够的资本投入。而对旧区建设用地的改造，将改变现有的聚集效应分布，提高城市整体的聚集效应水平，从而带来城市用地结构的内部调整。但在投资率小于固定资产折旧率的情况下，随着原有固定资产损耗的增加，生产能力下降，企业支付能力也下降，最终导致聚集效应减弱，造成那里的企业和居民向其他地区转移，已经形成的地区也会衰落。

（2）城市经济增长的主要结果——居民收入增加

经济增长的直接结果是居民收入的增加。显然，当居民家庭由于城市产业技术进步、城市经济发展水平提高等获得更高的收入水平时，居民的偏好会发生变化，机会成本增加，住房的消费量也将增加，对特定区位的出价也会提高。

值得注意的是，收入的提高，对城市房地产空间布局的影响是跳跃性的。在居民收入的提高达不到使出行交通工具发生本质变化时，也就是说无法摆脱家庭选址对工作地点的依赖时，由于难以顺利地实现通勤成本对土地成本的替代，收入提高对房地产空间布局的影响将是微小的。

伴随收入的增加，城市居民对住房条件的要求不断提高，在增加对住宅量的需求的同时，也提高了对住宅质量的要求，从而促进城市中高档住宅的发展。

在市场经济模式下，城市房地产市场空间布局的变化是以经济差别为特征的，经济结构的变化会带来社会结构的分化。由此，房地产空间市场分异现象也逐渐在我国城市中出现：城区内区位条件好、级差地租高的地区多为经济收入高的居民所占据；而基础设施落后、在产业结构调整中被淘汰的城市区域居住的多是经济收入较低的居民。

二、房地产投资与城市经济协调发展的互动机理

（一）房地产投资的概念及特性

1. 房地产投资的概念

房地产投资属于投资的范畴，是指不同的投资主体（政府、企业和个人）为实现某种预定的目标，直接或间接地对房地产的开发、经营、管理、服务和消费所进行的投资活动。目前，中国现行的统计制度中，仅统计房地产开发企业的房地产开发投资，事业单位和居民个人进行的房地产投资并未包括在内。房地产投资所涉及的领域有：土地开发、旧城改造、房屋建设、房地产经营、置业等。投资活动的结果是形成新的房地产或者改造利用原有的房地产，其实质是通过房地产投资实现资金的增值。

根据房地产投资形式的不同，房地产投资可分为直接投资和间接投资。房地产直接投资是指投资主体直接参与房地产开发或购买房地产的过程并参与有关的管理工作，包括从购地开始的开发投资和物业建成后的置业投资两种形式。房地产间接投资主要是指将资金投入与房地产相关的证券市场的行为，投资者不需要直接参与房地产相关的投资管理，包括购买房地产开发企业的债券、股票，购买房地产投资信托基金和房地产抵押贷款证券等活动。同时，根据房地产投资的用途不同，房地产投资也可分为住宅房地产投资、商业房地产投资、工业房地产投资等。

2. 房地产投资的特性

由于房地产本身的自然属性及其所附带的经济属性，房地产投资也表现出一些与其他投资不同的特性。

第一，房地产投资对象位置具有固定性。房地产投资的对象是土地、建筑物等不可移动的实物。房地产所在区位的自然、交通、人文、商圈等环境条件往往是影响房地产投资价值的关键因素，这些因素影响了房地产的目前价格以

及未来的潜在价位。因此，房地产投资者在选择投资的房地产时不仅关注当前的综合环境，还会对未来区域发展前景有更多的考虑。

第二，房地产投资时间跨度长。房地产投资项目开发往往需要经过土地投资、综合开发、建筑施工和房地产交易等一系列复杂过程，最终才能获取投资收益。一般而言，投资周期多在 1~5 年。若是投资房地产租赁市场，则回收期会更长。较长的投资时间，要求房地产投资主体具备较强的抵抗各类风险的能力。

第三，房地产投资额度巨大。房地产业属于资金密集型行业，房地产投资往往需要较大额度的资金。完全靠自有资金的垫付很难完成房地产投资，需要多渠道的筹资方式，如银行贷款、发行债券、信托融资、上市融资、合伙投资以及利用部分房地产投资收益再投入等。房地产投资资金的多渠道筹措方式，不仅是规避金融市场风险的需要，同时也是完善房地产投资体系的需要。

第四，房地产投资具有保值与增值性。地产资源的稀缺性，以及由于人们生活水平的提高进而对房地产数量与质量的需求不断提升，决定了房地产在经济发展中的价值是在不断上升的（当然这也不排除在一定的短时期内由市场的剧烈波动而引起的局部时间段内的贬值）。因此，房地产投资被许多投资者作为预防通货膨胀导致货币资金贬值的良好选择。

第五，房地产投资的个体性很强。房地产投资的关键在于地段。房地产所在区位对房地产投资价值具有决定性作用。不同位置的房地产项目有着不同的市场价值，即使是处于同一区位的房地产，往往也会由于其个体性的差异，如周边临靠环境、朝向等因素的差别而呈现出价位的不同。由于房地产投资对象的差异性较大，往往很难运用对一般商品普适的经济法则进行分析，这也就决定了房地产投资市场的不确定性及风险性。

除了以上较为突出的一些特性，房地产投资还具有其他一些特点。如受政策影响较强，无论是针对房地产开发领域的政策，还是土地政策、金融政策以及销售管理政策等，均会对房地产投资产生较大的影响，这也与房地产投资的涉及行业面广泛、投资额度巨大相关联。房地产投资与其他行业的关联性较强，从土地开发、建筑设计、建筑施工、绿化、装潢,到相关金融领域中的开发贷款、购房抵押贷款,涉及许多行业,如建筑行业、金融行业,每一个行业或市场的波动都会将信息传递到房地产投资领域,从而影响投资者的判断与决策。

(二)房地产投资对城市经济的作用

1.房地产投资对城市经济的作用机制

概括而言,房地产投资对城市经济的影响主要是通过以下三个效应来实现的,即供给效应、需求效应和挤出效应。

(1)供给效应

房地产投资的供给效应不仅表现在房地产作为产品供给的增加,更源于产业关联度高,从而直接或间接地带动相关产业的投资增加。房地产投资的供给效应能扩大投资规模、投资范围与领域,并延长投资时间,引起连锁反应,带动相关产业发展,对刺激经济增长起着举足轻重的作用。需要注意的是,由于房地产投资的时间跨度长,其供给效应也会滞后并积累,对此应充分重视,以免造成供给效应在短时间内集中并释放,造成严重的供求失衡,引起经济剧烈波动。

(2)需求效应

房地产投资的需求效应表现在由房地产投资引起的相关产业或部门的收入增长,由此带来需求的增加,从而促进城市经济的增长。房地产投资的需求效应实际上是投资乘数原理的作用过程。投资乘数数倍地扩大了国民收入,将必然导致消费等需求的增加。值得注意的是,相对供给效应的滞后,需求效应主要表现在投资与经济的同期增长中。这就要求我们在运用投资拉动经济增长的过程中,不能只关注投资当期的需求效应而忽略本期投资对后期产生的供给效应。

(3)挤出效应

房地产投资的挤出效应是指由于房地产投资的增加而影响社会对其他行

业或产业的投资。众所周知，房地产市场属于垄断竞争型市场，供求双方在地位上不对等，市场信息的占有与获取不对称，价格在很大程度上被垄断者操控，因而其利润空间往往高于正常市场水平，投资回报率同样高于一般社会平均投资回报率。于是，为牟取利益，银行、投资机构以及其他实业团体的大量资金涌入该行业，使得某些对经济长期与持续增长起关键作用的行业和产业所需要的资金被占用。由这种"挤出效应"导致的产业结构失衡，对城市经济的负面影响将是长期的。此外，在这种高涨的房地产投资刺激下，消费也演绎着"群羊效应"，一部分民众的消费被透支，产生消费的"挤出效应"，这同样不利于其他行业与产业的发展。

2. 房地产投资占用资金规模巨大，蕴藏巨大金融风险

由于房地产投资中有大约七至八成的资金直接或间接来自银行抵押贷款，且所占用的这部分资金大多是长期贷款，而银行资金来源主要是各类短期存款，如此短存长贷的矛盾，在银行内是主要的潜在风险之一。目前，国内尚未对房地产抵押贷款风险的化解有切实见效的防范与预警措施，一旦房地产市场发生大的波动，银行就容易形成大量的呆账、坏账。此外，在偶然因素的刺激下，短期储户如果大规模提现，银行就会面对资金短缺的经营风险。在当前我国还未采用资产证券化的房地产抵押贷款二级融资模式的情况下，化解上述风险相当困难，只能将其寄托在房地产稳健良性发展的良好预期上，但是这种预期是极其脆弱的。

3. 房地产投资能够提升城市的硬件环境，但也会导致城市竞争力的下降

从逻辑上讲，房地产投资是房地产价格与价值上升的原因，同样也是结果。一般而言，房地产投资可能导致城市竞争力削弱的直接因素主要有：房产类商业成本（包括商业设施与厂房租金等）、生活居住成本。实际上，这两类因素与城市竞争力相关的其他因素也有着密切的联系，如商业成本提高，可能使某些产业和行业逐渐迁出，其结果将导致城市相关产业链的破坏，使聚集的产业带、产业区分散，最终导致该类产业竞争力丧失；同样，随着居住、办公成本的提高，人才的生活成本增加，导致城市部分丧失对人力资本的吸引力，人才的流失将大大降低城市的竞争力，进而对城市经济的增长与发展产生不利影响。

（三）城市经济对房地产投资的带动与制约

总体而言，城市经济对房地产投资的作用主要表现在两方面：带动和制约。若城市经济呈现平稳增长的健康发展趋势，就会促使房地产投资同样出现平稳增长。主要原因在于：一定的经济增长能够积累房地产投资所需要的大量资金，增加社会投资资金积累的规模，为房地产投资提供资金来源。相反，如果社会经济增长缓慢甚至停滞，总体经济萧条，那么各类投资与消费需求势必受其影响而不景气，房地产投资进而受到制约。

第二节　城市治理现代化演进中的市场机制

相对于宏观层面的国家治理，城市治理属于中观层面，对上表现为贯彻落实国家意志，保证国家法律、法规和政策在城市层面的落地与执行；对下表现为自主规划决策、管辖市域范围的公共事务，包括城市定位、城市规划、城市可持续发展等诸多方面的问题。可以说，城市治理现代化是国家治理现代化在基层落地的必然要求；而促进城市治理主体多元化、培育和发展新兴城市治理主体则是城市治理现代化的现实需求。

一、城市治理体系的多元主体构成

城市治理是治理概念在城市区域中的延伸和拓展,是当代多层次治理体系中的重要组成部分。从广义的角度来看,城市治理是基于城市地域空间的范围,对城市中的资本、土地、劳动力、技术、信息、知识等生产要素进行协调整合,以实现城市经济、社会、文化、生态等的可持续发展。从狭义的角度来看,城市治理是指城市范围内政府、社会、市场作为三种主要的组织形态组成相互依赖的多主体治理网络,在平等的基础上按照参与、沟通、协商、合作的治理机制,在解决城市公共问题、提供城市公共服务、保障城市公共利益的过程中相互合作的利益整合过程。

按狭义的城市治理范畴,笔者依据城市治理主体构成、作用领域,将城市治理区分为政府治理、社会治理和市场治理三大板块。其中,政府主体运用公共权力汲取和调配公共资源,履行城市管理和服务职能。社会主体以志愿性为前提,通过个体自发行为、自组织行为、社会互助行为等社会自生性力量调配生活资源。市场主体根据经济规律、市场规则进行资源交易和财富创造,以获取生存和发展资源并客观上实现城市经济社会可持续发展。

政府、社会、市场在城市治理体系的角色、职能、作用范围,决定了不同主体在城市治理规划、决策、执行、参与、监督等方面的功能体现与提升空间。对城市治理主体的功能加以深研与挖潜,是优化城市治理要素、提升城市治理体系运转效能的前提。

(一)政府治理体系

在城市治理体系中,政府治理体系是最重要的,其基本元素由权责、事项与人员构成,这些要素的整合程度决定政府治理能力的高低。有效的政府治理是城市治理体系与治理能力现代化的内在要求,要求政府根据经济社会发展的实际情况,切实转变政府职能,创新行政管理方式,建设法治政府和服务型政府，增强行政效能和公信力。政府的职责和作用主要是保持宏观经济稳定，加强和优化公共服务，保障公平竞争，加强市场监管，维护市场秩序，推动可持续发展，促进共同富裕，弥补市场失灵。

（二）社会治理体系

社会治理依托社会组织、群众自治组织，通过建立政府、市场主体和公民之间的协作平台来进行。城市治理现代化要求城市治理由权威式管理向参与式治理转型，其核心要义是让公众参与到城市治理中来，成为城市治理的主体。当前，我国城市治理整体上还面临社会自治能力发育不足的问题，培育社会自治，是实现社会共建共治共享的前提。社会治理体系中最为核心的内容是基层社区自治。基层群众自治组织（城市居民委员会）、市场主体（社区企业、外来企业）和社会组织（社区社会组织和外来社会组织）等，就社区的事务管理和服务供给展开互助合作来推动社区发展，满足社区居民的多元化需求，实现社区福利的整体提升，是社会治理体系发展的重要内容。除组织化主体外，城市居民个体的角色也更加凸显，他们既是社区治理服务的受众，也是社区自我管理、多元治理的重要主体。居民是社区生活与建设的当事人、利益的直接相关者，其拥有参与社区治理的真实需求，参与治理的素质与水平也在迅速提升。社区治理最大的特色和优势在于群众真实意愿的可获得性和群众直接参与的可容纳性，社区治理参与机制的现代化是城市治理体系现代化的重要进阶。

（三）市场治理体系

市场治理体系是城市治理体系中不可或缺的重要组成部分，城市治理能力的现代化水平也与市场机制发育是否完善、运作是否充分密切相关。要优化城市治理，需要推进市场化改革，推动社会资源依据市场规则、市场价格、市场竞争来实现效益最大化和效率最优化的配置。在城市治理体系中，更广泛地运用市场机制来解决城市运行中的现实问题，已成为目前城市发展的一个趋势。

例如，吸收城市经营的理念，通过政府购买的市场化、公共企业的民营化、公共物品的部分私人提供，充分发掘城市公共服务项目中蕴藏的商机，吸引企业投入公共事业的建设和管理活动，既能有效降低成本，又可提升项目发展的可持续性，实现城市治理中的多方主体共建、共治、共赢、共享的效果。

企业作为市场的经济主体，会通过不断创新，优化社会经济生活中部分公共产品和公共服务的供给水平，发现和填补现有公共服务的短板，并持续降低成本。同业间形成的利益竞争关系，也能够给市民在公共产品和公共服务享用方面提供更多选择。政府要建立全方位多层次的治理格局，激发市场活力，并不断完善市场监管体系，让市场机制成为城市治理体系中的有力一环。市场治理体系往往是城市治理体系中最易被忽视的要素，因此本节主要聚焦于对城市治理体系中市场机制作用的分析与研究。

二、市场主体参与城市治理的运行机制

从词源结构来看，"城市"是"城"和"市"的结合。这表明，城市既有以"城"（权力）为基础的治理，呈现出等级化、权威性的权力运作特征；也有以"市"（市场）为基础的治理，表现为自由、平等、开放式的运行方式。从当前的城市治理实践来看，市场主体参与城市治理的方式主要有以下三种：

（一）委托式参与

政府将公共产品、公共服务打包，通过招标、拍卖、挂牌等形式，将其委托给具有相应资质的专业性市场主体，由市场主体实行代理，向全社会提供这些公共产品与服务。比如，极有代表性的房地产开发行业，房产商通过土地的竞拍等获得地块后，必须按照政府的城市土地规划落地相关的工程，在开发相应自身物业之外，往往要承担落地相应公共基础设施、建设一定比例的政府保障性住房等相应职责。此外，更多的市场主体则是直接经由政府购买，进入公

共产品供给领域。虽然市场主体是基于政府付费而有偿提供这些产品和服务的，但因为其服务对象和服务性质是公共性的，且一般不直接向市民收费，所以，其在事实上参与并推进了城市治理的实践。

（二）补位式参与

城市治理涉及的面广、事多，政府管理在事实上难于周顾。市场主体凭借自身的敏感度，发掘公共事务管理或公共服务供给的空白点或可提升空间，通过市场供给的方式提供相关专业化服务，虽然此类市场行为是以营利为目的的，但因其确实能够更便捷地满足公众需求且降低市民的综合成本，如信息获取成本、时间轮候成本等，所以在客观上起到了提供补充性公共服务的效果。比如：教育、医疗领域私营部门的加盟与补充；市民对公交涉的各类业务中，相关中介公司、信息咨询公司、专业服务机构、第三方检测公证机构等提供的服务等。这些私营机构和市场主体通过收费式的专业化服务，不仅参与到城市治理当中，而且为丰富和完善城市治理体系、从总体上提升城市治理能力贡献了力量。

（三）竞争式参与

在某些领域，由政府主导的传统管理模式会遭遇来自市场的冲击。政府主导的城市治理不可避免地在一些领域形成了垄断，而垄断经营有时会造成效率较低、运营成本较高、产品质量较低等一系列问题。如果市场主体通过渠道拓展、产品竞争等方式在某些领域给予公众替代性的公共产品和服务，就会对政府的传统管理模式形成挑战，构成竞争。进一步来说，如果市场主体提供的产品和服务消费成本更低或是消费体验更好，就会赢得公众的认可和信赖，从而逐步获得供给这些公共产品的合法资质。实践表明，在航空等公共领域，市场主体凭借优质高效的服务有效地打破了一家或几家独大的局面，形成了充满竞争和活力的共治、共赢格局。

三、市场机制参与城市治理的功能

追求效率和盈利是市场机制的核心特征，各种经济主体在市场中进行交易活动以取得相应的经济利益。与政府的纵向治理相比，市场治理体系更多体现为一种横向的多元竞争和制度协调机制。它不但为政府提供了必要的财政收入，而且客观上为城市治理提供了巨大的资金支持、服务配套以及公共活动的空间，其功能随着城市治理现代化的发展，越来越得以彰显。

（一）丰富城市治理的主体

随着市场化改革的深入，城市公共资源和资产的市场价值开始凸显，各市场主体对城市资源的竞争不断加剧，越来越多的城市公共管理和服务依赖于市场提供支持，这一方面使得城市公共资源日益增值，另一方面也打破了政府作为全能型城市治理主体的基本格局。

从世界范围来看，20世纪20年代美国就开始引进企业化、市场化的方法来管理城市，形成了以市长议会制、城市委员会制和城市经理制为主的三种城市管理体制。其中，城市经理制即以市场化委托和经营的方式治理城市的形式。不过，在一个相当长的时期内，囿于严格的公私领域划分，这种城市市场化经营的理念在美国这种市场体制高度发达的国家也并未获得多大的发展。直到当代市场化的进一步发展，人们才逐渐认识到城市治理应改变政府全知全能的观念，重构公私边界，在城市治理中引进市场运作机制。

当代城市治理理论认同城市政府在城市治理中的主体地位，同时也注重政府与市场主体的合作，强调政府行为和市场行为的有机结合。企业作为城市最重要的经济体，是城市税收、商品和服务供应、劳动力就业的来源与支撑，关涉城市经营的经济基础和发展质量。随着市场的不断拓展和行业运营精细化、科技化程度的提升，市场主体直接参与城市治理的渠道也在持续扩大。在城市治理中引入市场机制的运作模式在诸多方面体现出相较于政府独立管理而言的显著优势。

（二）突出治理效益

发展中国家城市治理的一个核心诉求是城市发展。也就是说，城市的治理不仅立足于维持现状、保持现有社会关系的和谐有序，而且有着非常突出的基础设施投建、城市经济发展、公共服务改善、城市竞争力提升等多维度目标，是一个持续不断做加法的过程。虽然传统的政府主导的城市管理也存在对于城市发展的内生动力，但城市政府的组织人员主要是公职人员，政府行为的价值理念是为人民服务的公仆精神，这在很大程度上决定了政府的管理行为在注重社会效益的同时往往忽视经济效益。同时，政府部门公共预算长期以来缺乏足够的刚性约束，使得政府行为对成本不敏感，浪费现象较为普遍。在城市治理中引入市场机制，将部分城市管理事务转化为市场主体运营业务，配合有效的监管，就能使市场主体所追求的利润最大化的目标，转化为提升城市治理效益的有效动能。

（三）提升城市竞争力和治理效率

在市场精神的濡染下，城市治理在两个维度上的竞争理念得以彰显：一是城市与城市之间的竞争，二是城市治理多元主体间的竞争。前者表现为城市经营理念的兴起，使得城市治理愈加注重营商环境质量的提升、城市品牌的打造、各类人才和企业优惠政策的竞争等，以吸引更多的外来投资、企业落户，为城市发展带来资本、就业、产值与可持续性。后者表现为对城市建设、资源利用、公共产品和服务供给等诸多领域开放度的提高，越来越多符合资质的主体可以通过市场竞争的方式介入城市的治理与经营。

城市公共资源的竞价开发、城市公共产品供给许可权的拍卖、城市公共服务的多元主体供给等，都是将城市资源以市场化机制进行定价和运营，以竞争机制促进城市治理效率提升的做法。总的来说，对市场竞争机制加以合法善用，通过市场主体的竞争实现城市资源的溢价，为城市建设提供可持续性的资金支持，既能为城市治理本身带来更多资质优良的主体，同时也能使城市在现代化治理中保持活力和长远的竞争力。

（四）赋予创新动力，推动城市治理的科技化、智慧化

由政府作为单一主体承担城市治理，容易造成的弊病是因循守旧、路径依赖，久而久之治理模式就陷入僵化，无力应对社会事务日益复杂化、社会需求不断升级的实际情况。在现代社会，政府管理体制和能力滞后于社会发展的情形越来越多见，成为一个较为普遍的问题。因此，将城市治理权逐步放开、下放，既是市场机制发展成熟的自然结果，也是政府突破自身封闭式管理局限性的必然要求。

市场主体参与城市治理可以有效激活竞争的因子在城市治理中的作用，因为如何取得竞争优势、获取超额利润，永远是市场主体一切行为的出发点。在当代社会的市场竞争中，要取得显著的竞争优势、获得丰厚的超额利润，最优的选择莫过于持续不断的创新。因此，创新是市场主体相较于政府部门的一大优势。创新的本质就是"升维打击"，即在同一个领域里面，利用不在同一竞争层面、高于同行业竞争者的技术或模式创新对其进行不对称打击，从而更快地占领市场。

在城市治理中，市场主体利用技术创新，形成同业竞争优势，获取政府订单，从而参与到城市治理中的案例极为多见。例如，深圳大疆无人机利用成熟的飞行摄影系统解决政府部门特殊地理位置执法取证难的问题，云天励飞利用高精度实时人像识别技术帮助公安、交管等部门解决目标人物追踪难的问题等。同时，在城市治理中，市场主体利用技术创新，对政府现有城市管理模式与格局发起挑战的情况也成为常态。例如滴滴打车的普及对传统的交管系统格局形成冲击；共享单车的兴起为"最后一公里"公共交通的长期缺位提供解决方案等。市场主体的技术创新或经营模式创新，无时无刻不在改变城市治理的

格局，使得城市治理能更好地享受到科技的便利，变得越来越智慧。

（五）敏感把握社会需求

一般来说，政府管理更多关注大众化需求，而非差异化需求，政府行为也强调规范性、程序性，被要求按现有制度框架按部就班行事，因此政府部门往往难以前瞻性地调研、分析社会需求的细微变化和发展趋势，缺乏应对变化的弹性和针对性，难以差别化地覆盖不同群体的多元需求。相反，以需求为导向是市场机制运行的灵魂。市场主体要在大浪淘沙的复杂社会中生存下来，就一刻都不能丧失识别市场信号和消费者需求的敏感度，并且任何一项民用技术上的创新都可能被市场主体应用于产品或商业模式的创新迭代，以改进产品和服务的质量。所以，市场主体参与城市治理，不仅在一些领域带来了底层的根本性变革，更是在诸多细节方面更新和优化了传统的城市管理方式，提升了城市治理的敏感度和温度。

1978 年以来，中国改革开放的核心就是在建立有限政府的框架下，在经济发展和社会治理等领域引入市场机制作用的过程。通过权力下放，激活经济领域的市场主体，构筑了改革开放以来的经济快速增长、人民生活极大改善、社会治理水平大幅提升的制度基础。

当提供公共服务、参与社会治理能够产生相应的经济效益时，市场主体的治理能力就可能被充分激活并得以善用。同时，市场治理体系作用的有序发挥，也有赖于相应的制度、法规的规范与约束，有赖于政府的政策引导与监管执法，有赖于社会需求信号的有效释放、社会资本的多维度支撑与对市场主体失德行为的约束等。

总的来看，市场治理体系与政府、社会治理体系之间的良性互动，关乎公共治理资源的优化配置，关乎城市治理体系与治理能力的优化与更新，对城市发展秩序的稳定和发展质量的提升有着至关重要的影响。

第三节　市场分割与中心-外围城市经济发展差距

一、理论分析与研究假设

本节从贸易成本和市场规模两个渠道分析省际贸易壁垒对城际市场分割的影响机制。

从贸易成本角度进行分析，市场分割是增加贸易成本的主要原因。省际市场分割表现为增加省际贸易成本，而不影响企业省内贸易和国际贸易成本。地方政府的地方保护政策往往从要素市场和产品市场着手。在要素市场上，省际贸易壁垒直接体现为对本省企业在信贷、税收等资源上的偏袒，而对外省企业则在银行信贷和承兑清算等方面采取歧视性做法。在产品市场，省际贸易壁垒表现为对本省企业采取优先购买、补贴促销本地产品、税收优惠等方式以提高其市场竞争力，而对外省企业则通过强化行业壁垒、增加市场进入障碍、提高审批难度等方式阻碍其产品进入本地市场。一方面，作为地方各种政策和资源的受益主体，本地企业的省内贸易比较优势凸显；另一方面，市场分割存在明显的空间互动效应，持续提高的省际贸易壁垒必然招致其他省份的"报复"，导致保护政策陷入"囚徒困境"，企业跨省贸易成本不断增加。省际贸易壁垒带来的省内贸易比较优势和高省际贸易成本迫使企业逐渐减少省外市场的销售额，而以增加省内市场销售额替代跨省贸易，这会加剧省内市场竞争。以经济增长为核心的官员晋升激励则促使省级以下行政单位横向竞争加剧，其中以城际市场分割最为明显。

从市场规模角度进行分析，地方政府通过行政手段设置制度性贸易壁垒限制外地商品流入本地市场或是限制本地资源流出，最终以压缩产品的外地市场空间和降低本地潜在市场需求为代价。一方面，地方保护主义通常会优先保护本地市场空间，以限制外省企业进入来维护本地企业的市场份额，其他地方政府的"报复"行为会在长期和整体意义上压缩本地产品的外地市场空间。另一方面，地方政府在实施保护主义的过程中往往以各种税收优惠补贴、隐性担保、预算软约束等方式加剧要素市场扭曲，资本、劳动、土地等要素市场化配置程度偏低，劳动力和资本要素的实际收益往往低于市场供求决定的价格，进而抑制地区市场需求和市场投资水平，导致地区潜在市场需求长期处于低水平。外省产品市场空间被压缩，省内本地潜在市场需求处于低水平，市场规模大幅下降，必然导致省内城市之间市场竞争激烈，地方政府之间保护主义甚嚣尘上。基于以上论述，笔者提出假设一：省际贸易壁垒将加剧城际市场分割。

以经济增长为目的的市场分割短期内通过保护本地市场和资源的方式推动地区经济增长。但从整体上看，统一大市场有利于发挥经济增长的规模效应，而保护主义和市场分割最终将抑制地区经济增长，地区经济的短期增长以整体利益和长远利益为代价。从地区间经济差距视角来看，短期内较低的市场分割水平将促进地区经济增长进而缩小欠发达地区和发达地区之间的经济差距。而持续较高的市场分割水平则会阻碍地区经济发展，长期下来容易陷入强者愈强、弱者愈弱的"马太效应"，导致地区之间经济发展差距逐渐扩大，地区经济发展严重失衡。基于中心-外围模型的思想，本节预期省际贸易壁垒将通过加剧城际市场分割作用于省内城市经济发展差距。因此，笔者提出假设二：省际贸易壁垒与中心-外围城市经济发展差距呈 U 形关系。

二、研究设计

（一）模型设定与变量说明

笔者的实证策略是，先验证省际贸易壁垒与城际市场分割之间的关系，再检验省际贸易壁垒的经济后果。为验证假设1，本节设定如下实证模型：

$$\text{Segment}_{ijt} = \alpha_0 + \alpha_1 \text{Segment}_{it} + \varphi X + \gamma_j + \lambda_t + \varepsilon_{ijt}$$

式中，下标 i、j、t 分别表示省份、城市、时间；Segment_{ijt} 为 i 省份 j 城市第 t 年的市场分割指数；Segment_{it} 为 i 省份第 t 年的市场分割指数；γ_j 和 λ_t 分别是城市固定效应和时间固定效应；X 和 ε_{ijt} 分别是控制变量和随机扰动项；α_1 是本节最关心的系数，若假设一成立，则预计 $\alpha_1 > 0$。

为验证假设二，参考袁淳等（2021）的做法，笔者采用逐步回归法对省际贸易壁垒是否通过加剧城际市场分割对中心-外围城市经济发展差距产生影响进行中介效应检验：

$$\text{Gap}_{jct} = \beta_0 + \beta_1 \text{Segment}_{it} + \beta_2 \text{Segment}_{it}^2 + \varphi X + \gamma_j + \lambda_t + \varepsilon_{ijt}$$

$$\text{Segment}_{ijt} = \alpha_0 + \alpha_1 \text{Segment}_{it} + \varphi X + \gamma_j + \lambda_t + \varepsilon_{ijt}$$

$$\text{Gap}_{jct} = \eta_0 + \eta_1 \text{Segment}_{it} + \eta_2 \text{Segment}_{it}^2 + \eta_3 \text{Segment}_{ijt} + \eta_4 \text{Segment}_{ijt}^2 + \varphi X + \gamma_j + \lambda_t + \varepsilon_{ijt}$$

式中，Gap_{jct} 为地区经济发展差距，Gap_{jct} 数值越大，表明中心-外围城市经济发展差距越大，反之越小。

（二）数据说明

1.市场分割指数

已有文献中测量市场分割的主要方法有生产法、贸易流量法、问卷调查法、价格法等。由于缺少不同地区各类商品原始实际价格数据，本节中的市场分割指数的测量沿用桂琦寒等（2006）以及之后大量研究市场分割问题文献的做法，运用相对价格指数法测算地区市场分割指数。在商品选取上，参考曹春方等（2015）的方法选取居民消费价格指数，由于 2016 年居民消费价格指数统计口径发生变化，因此为保证指标在年度之间的可比性，选取食品、衣着、居住、娱乐教育文化用品及服务、医疗保健和个人用品、交通和通信、家庭设备用品及维修服务七类商品为计算基础,以相对价格指数法测算市场分割指数。笔者以相邻地区的价格差异测算市场分割指数,并将省际市场分割指数匹配到地级市层面。市场分割指数越高,表明地区之间地方保护越严重。

2.控制变量

除核心解释变量以外,笔者控制了城市层面和省份层面的部分宏观变量。

(1)城市层面

通过尽可能多地查找、整理现有公开资料中涉及的地级市层面各项宏观统计数据,结合已有文献涉及的影响地区市场分割的宏观变量,并在充分考察变量之间的相关性和数据可得性的基础上,筛选出以下四个城市层面的控制变量:政府干预度、经济发展水平、市级基础设施、对外开放水平。

(2)省份层面

由于省内交通基础设施特别是铁路运输里程的变化会降低省内及省际城市之间的贸易成本,进而直接影响省际市场分割和城际市场分割大小,因此笔者控制了各省份铁路交通基础设施变量,以控制"先天性"贸易成本变动对市场分割的影响。变量说明和描述性统计见表5-1。

表5-1 变量说明和描述性统计

变量符号	变量名	变量说明	均值	标准差	样本数
$Segment_{ijt}$	城际市场分割指数	相邻城市对的市场分割指数做平均	0.241 4	0.287 7	3 328
$Segment_{it}$	省际贸易壁垒	相邻省份对的市场分割指数做平均	0.131 3	0.098 1	3 328
Gap_{jct}	中心-外围城市经济发展差距	中心城市与单一外围城市人均生产总值的比值	2.202 2	0.999 2	2 964
Gap_{cot}	中心-外围地区经济发展差距	中心城市与外围地区人均生产总值的比值	1.816 7	0.518 8	2 964
Gov_{ijt}	政府干预度	财政支出/地区生产总值(%)	0.183 9	0.104 5	3 328
$Pgdp_{ijt}$	经济发展水平	人均生产总值(万元/人)	4.364 2	3.035 5	3 328

续表

变量符号	变量名	变量说明	均值	标准差	样本数
$Road_{ijt}$	市级基础设施	公路里程/地级市面积（千米/平方千米）	1.043 9	0.482 2	3 328
$Open_{ijt}$	对外开放水平	进出口总额/地区生产总值（%）	0.177 5	0.310 2	3 328
$Open_{ijt}^2$	对外开放水平的平方		0.127 7	0.607 8	3 328
$Prailway_{it}$	省级基础设施	铁路营业里程/地级市面积（千米/平方千米）	0.021 1	0.008 8	3 328

3.数据来源

由于本节从城市层面开展研究，而市场分割指数的计算涉及多种居民消费价格指数，为尽量保证样本个数和数据的可得性，本节数据涵盖2007—2019年23个省份的256个地级市的平衡面板数据，对个别城市少数年份的缺失数据进行线性插值处理。省际市场分割和城际市场分割指数原始数据全部来自各省份和城市的统计年鉴，通过人工整理获得。除去特别指出的变量以外，其余控制变量均为结合城市统计年鉴和中国经济社会大数据研究平台（CNKI）、EPS全球统计数据平台整理得到。为了避免异常值对本节结论带来的偏误，笔者对所有连续变量做了1%和99%分位数上的缩尾处理。

4.描述性统计

表5-1报告了主要变量的描述性统计结果。为避免回归系数太小以致不便展示的情况，本节实证中市场分割指数均乘以1 000。为消除异方差性，回归中对经济发展水平、市级基础设施和省级基础设施做了取对数处理。

三、实证结果分析

（一）内生性处理与稳健性检验

1.内生性处理

笔者采用工具变量法尝试处理模型中遗漏变量可能带来的内生性问题。参考卞元超和白俊红（2021）的做法，采用省份平均地理坡度作为省际市场分割的工具变量。由于地理坡度不随时间变换，参考已有文献中采用历史数据、地形数据等时不变工具变量的处理方法，采用地理坡度与时间趋势的乘积项作为省际贸易壁垒的工具变量。第一阶段和第二阶段的检验结果见表5-2，第二阶段的结果显示省际贸易壁垒系数在1%的水平上显著为正。这再次说明，省际贸易壁垒加剧了城际市场分割。

表5-2 工具变量回归结果

变量	$Segment_{ijt}$ 第二阶段（1）	$Segment_{it}$ 第一阶段（2）
$Segment_{it}$	2.253*** （0.729）	
IV（省份平均地理坡度*时间）		−0.002*** （0.000 3）
常数项	0.771*** （0.291）	6.922*** （0.985）
Kleibergen-Paap Wald rk F 统计量	52.763	
Anderson-Rubin Wald 统计量	9.320	
控制变量	控制	控制
城市固定效应	是	是
时间固定效应	是	是
R^2	0.559	0.576
N	3 328	3 328

注：括号内标准误在城市层面聚类，*、**、***分别表示在10%、5%、1%的水平上显著，N为样本量，R^2为拟合优度，下同。

2.稳健性检验

（1）替换被解释变量

笔者借鉴王小鲁等（2019）编制的《中国分省份市场化指数报告》，采用2008—2016年各省份市场化总得分刻画各省份省内市场一体化，并计算其逆向指标替换被解释变量。由于该指标为省份层面的变量，因此将其匹配到城市层面。该指标从市场发育程度、法制环境、政府与市场关系等五个方面综合评价了省份市场化水平，其逆向指标能较好地刻画了省内城际市场分割水平。实证结果表明，更换被解释变量后，基本结论不变，省际贸易壁垒正在加剧城际市场分割。

（2）更换模型

已有研究实证检验了地区之间市场分割策略互动行为的存在，地级市之间市场分割可能存在空间自相关性。为避免因忽视地级市之间空间相关性造成模型估计结果偏误，笔者构建了空间计量模型进行检验。在此之前，依次从LM检验、SDM模型固定效应、Hausman检验以及SDM模型简化检验相结合的方法，确定时空双重固定效应的空间杜宾模型为最优选择，并选用0-1矩阵作为空间权重矩阵。结果表明，城际市场分割确实存在正向的空间自相关性，单个地级市的市场分割策略必然招致周边地区的"报复"行为。在控制了被解释变量的空间自相关性后，省际贸易壁垒系数依然显著为正，再次验证了本节基本结论的稳健性。

（3）删减样本

本节中的研究样本来自23个省份的256个地级市，其中包含了15个副省级城市和23个省会城市。在中国现有行政等级体系下，资金、优惠政策等重要生产资源，一般按照直辖市、副省级城市、省会城市、一般地级市的顺序逐次分配。显然，不同行政等级的城市面临不同的资源要素约束，其对上级政府下发的保护政策也必然呈现差异化应对举措。因此，为避免城市的行政等级划分给基本结果带来的偏误，去掉副省级城市和省会城市进行检验。实证结果显示，核心解释变量系数并没有显著性变化，基本结论依然稳健。

（二）机制分析

前文理论分析部分表明，省际贸易壁垒通过提高省际贸易成本和缩小市场规模加剧城际市场分割。由此，笔者预期，如果省际贸易壁垒对城市市场分割的影响确实是通过提高贸易成本和加剧市场收缩来实现的，那么省际贸易壁垒的作用应该在贸易成本较高或者市场规模较低的城市更为显著。为此，笔者基于贸易成本和市场规模两个角度考察省际贸易壁垒的作用机制。

1.贸易成本

笔者使用城市互联网普及率（每千人拥有的移动电话数，用 Net 表示）来度量城市外部贸易成本，城市互联网普及率越高，城市外部贸易成本越低；反之，贸易成本越高。若城市互联网普及率低于样本中的中位数，则虚拟变量 H_Net 取值为 1，否则为 0。这里将 H_Net 及交互项 $H\_Net_{ijt}*Segment_{it}$ 加入模型中进行检验。表 5-3 列（1）结果显示，交互项 $H\_Net_{ijt}*Segment_{it}$ 系数显著为正，表明地区互联网普及率越低，省际贸易壁垒加剧城际市场分割的作用效果就越明显，与预期一致。

表 5-3 机制检验结果

变量	$Segment_{ijt}$	
	（1）	（2）
$Segment_{it}$	0.074（0.124）	0.011（0.116）
H_Net	−0.027（0.022）	
$H\_Net_{ijt}*Segment_{it}$	0.308*（0.157）	
$H\_Socialneed_{ijt}$		−0.064**（0.025）
$H\_Socialneed_{ijt}*Segment_{it}$		0.423***（0.153）
常数项	1.158***（0.296）	1.150***（0.293）
控制变量	控制	控制
城市固定效应	是	是
时间固定效应	是	是
R^2	0.204	0.206
N	3 328	3 328

2.市场规模

根据"本地市场效应"理论,本地市场规模越大,越有利于形成规模经济,进而降低产品的生产成本和运输成本。市场规模越大的地区,地方政府保护本地经济的成本就会越高,市场分割程度相对较低。笔者使用人均社会消费品零售额(用 $Socialneed_{ijt}$ 表示)来度量城市市场规模,人均社会消费品零售额越高,城市市场规模越大;反之,城市市场规模越小。若人均社会消费品零售额低于样本中的中位数,则虚拟变量 $H\_Socialneed_{ijt}$ 取值为 1,否则为 0。这里将 $H\_Socialneed_{ijt}$ 及交互项 $H\_Socialneed_{ijt}*Segment_{it}$ 加入模型中进行检验。表 5-3 列(2)结果显示,交互项 $H\_Socialneed_{ijt}*Segment_{it}$ 系数显著为正,表明地区市场规模越小,受到省际贸易壁垒的影响就越大,省际贸易壁垒加剧城际市场分割的作用效果就越明显,与预期一致。

(三)异质性分析

1.经济发展水平异质性

为考察省际贸易壁垒对城际市场分割的影响的经济发展水平异质性,本节采用了两种方式进行检验:一是发达城市和欠发达城市。回归结果见表 5-4 列(1)和列(2)。结果显示,在发达城市样本组中,省际贸易壁垒系数为正但不显著;在欠发达城市样本组中,省际贸易壁垒系数显著为正。回归结果表明省际贸易壁垒对城际市场分割的加剧作用在欠发达城市更为显著,而在发达城市该作用不明显。二是地区经济发展水平。本节使用城市人均地区生产总值代表城市经济发展水平。由于在基准回归中已经将地区经济发展水平($\ln Pgdp_{ijt}$)作为相关变量进行了控制,因此本节在基准回归中引入地区经济发展水平和省际贸易壁垒的交互项,表示为 $\ln Pgdp_{ijt}*Segment_{it}$。回归结果见表 5-4 列(3)。结果显示,交互项系数显著为负,表明较高的城市经济发展水平能缓解省际贸易壁垒对城际市场分割的影响,省际贸易壁垒对城际市场分割的加剧作用在经济发展水平较低的城市更显著。

2.各省份经济空间结构异质性

区域内互联互通的多中心空间结构在一定程度上削弱了城市间的市场边界，具有更高的经济效率。为进一步考察省际贸易壁垒对城际市场分割的影响在不同经济空间结构省份存在的差异，本节将样本省份分为两组，即单中心省份和双中心省份，表5-4列（4）和列（5）报告了分组回归结果。结果显示，在两组样本中，省际贸易壁垒系数均显著为正，但单中心省份组系数值大于双中心省份组。为分析两组系数值之间是否存在显著差异，本节进一步引入省份虚拟变量（Central），即单中心省份为0，双中心省份为1。本节还将省份虚拟变量（$Central_i$）以及省份虚拟变量与省际贸易壁垒的交互项（$Central_i^*Segment_{it}$）加入基准回归，表5-4列（6）报告了回归结果。结果显示，交互项系数显著为负，表明两组省际贸易壁垒的估计系数存在显著差异，省际贸易壁垒对城际市场分割的加剧作用在单中心省份更强。而各省份多中心空间结构则有助于城市之间专业化分工协作，推动城际市场整合，进而削弱省际贸易壁垒的负面影响。

表5-4 异质性检验结果

变量	$Segment_{ijt}$					
	发达城市	欠发达城市	经济发展水平异质性	单中心省份	双中心省份	组间系数差异性检验
	（1）	（2）	（3）	（4）	（5）	（6）
$Segment_{jt}$	0.238 (0.167)	0.287* (0.160)	0.966** (0.441)	0.494** (0.233)	0.202* (0.105)	0.437** (0.195)
$\ln Pgdp_{ijt}^*Segment_{it}$			−0.603** (0.283)			
$Central_i^*Segment_{it}$						−0.353** (0.175)
常数项	0.327 (0.764)	1.169*** (0.301)	0.857*** (0.286)	1.196*** (0.317)	0.315 (0.533)	1.005*** (0.281)
控制变量	控制	控制	控制	控制	控制	控制
城市固定效应	是	是	是	是	是	是

续表

变量	Segment$_{ijt}$					
	发达城市	欠发达城市	经济发展水平异质性	单中心省份	双中心省份	组间系数差异性检验
	（1）	（2）	（3）	（4）	（5）	（6）
时间固定效应	是	是	是	是	是	是
R^2	0.201	0.206	0.218	0.218	0.201	0.205
N	195	3 133	3 328	2 405	923	3 328

四、经济后果分析

基于理论分析中提出的市场分割与地区经济发展之间存在倒 U 形关系，加上已验证的假设一和异质性分析结果，笔者预期省际贸易壁垒对城际市场分割的作用在不同经济发展水平地区的强弱差距将导致省内地区之间经济发展差距先下降后上升。对前文理论分析中关于 Gap$_{jct}$ 的两个等式进行检验，表5-5 报告了检验结果。

表5-5　省际贸易壁垒对省内中心-外围经济发展差距的影响

变量	Gap$_{jct}$		
	（1）	（2）	（3）
Segment$_{it}$	−0.295**（0.140）	−0.286**（0.141）	−0.357**（0.159）
Segment$_{it}^2$	0.535**（0.226）	0.527**（0.224）	0.270（0.185）
H_ln gdp$_{ijt}$*Segment$_{it}$			−0.006（0.256）
H_ln gdp$_{ijt}$*Segment$_{it}^2$			0.641*（0.348）
H_ln gdp$_{ijt}$			−0.043（0.038）
Segment$_{ijt}$		−0.029（0.028）	
Segment$_{ijt}^2$		0.019**（0.564）	
常数项	2.600***（0.562）	2.598***（0.564）	2.607***（0.569）

续表

变量	Gap$_{jct}$		
	（1）	（2）	（3）
控制变量	控制	控制	控制
城市固定效应	是	是	是
时间固定效应	是	是	是
R^2	0.437	0.437	0.440
N	2 964	2 964	2 964

表 5-5 列（1）结果显示省际贸易壁垒一次项系数在 5%的水平上显著为负，二次项系数在 5%的水平上显著为正，这表明省际贸易壁垒与省内中心-外围城市经济差距存在 U 形关系，较低的省际贸易壁垒加快城市经济发展，其对欠发达地区经济促进作用高于发达地区，省内中心-外围城市经济差距缩小。但持续较高的省际贸易壁垒必然招致其他地方政府的"报复"行为，进而难以取得预期效果，反而抑制地区经济增长。市场分割对欠发达地区的负向效应要明显高于发达地区，导致中心-外围城市经济差距不断扩大。表 5-5 列（2）结果为二者间作用机制的检验，加入城际市场分割及其平方项后，城际市场分割一次项系数为负但不显著，二次项系数在 5%的水平上显著为正。同时对比列（1）和列（2）的结果，省际贸易壁垒一次项和二次项系数显著为正，但系数值均有所下降，这表明省际贸易壁垒确实通过加剧城际市场分割对省内中心-外围城市经济差距产生影响。

如何加快国内市场一体化建设，缩小地区经济发展差距，实现地区均衡发展是新发展阶段经济高质量发展的重要命题。笔者从省际贸易壁垒的贸易成本效应和市场规模效应入手，检验了省际贸易壁垒对城际市场分割的影响和经济后果。研究发现省际贸易壁垒加剧了城际市场分割，二者之间关系在经济发展水平落后城市以及单中心省份更加显著。进一步的经济后果分析发现，省际贸易壁垒会通过加剧城际市场分割而导致中心-外围城市经济发展差距先下降后上升，二者之间关系在欠发达地区更为显著。结果表明，省际贸易壁垒通过提高跨省贸易成本和缩小市场规模两个渠道加剧城际市场分割，进而影响中心-外围城市经济发展差距。

第四节　数据要素市场建设与城市数字经济发展

　　数字经济以数字化的知识和信息作为核心生产要素，通过数字技术与实体经济深度融合，加速重构新产业、新业态、新模式，加快数字经济发展成为构建"双循环"新发展格局的战略选择与关键支撑。近年来中国的数字经济发展取得显著成效，在新冠肺炎疫情冲击下，数字经济成为推动国民经济稳定增长的关键动力。近年来，数据要素市场规模增长迅猛，中国的数据要素市场规模增速位居世界前列。

　　培育发展数据要素市场，加速释放数据要素红利，是推进数字经济快速发展的重要路径与构建新发展格局的必然要求。党的十九届四中全会指出"健全劳动、资本、土地、知识、技术、管理、数据等生产要素由市场评价贡献、按贡献决定报酬的机制"，首次将数据纳入生产要素。数据成为数字经济时代的基础性战略资源和生产要素，蕴含着巨大的经济价值，但同时人们也面临一个亟待解决的重要问题——如何推动数据要素实现市场化配置并激活其内在价值，释放其潜在红利从而推动地区数字经济发展。2020年，中共中央、国务院印发《关于构建更加完善的要素市场化配置体制机制的意见》，提出加快培育数据要素市场，提升社会数据资源价值。数据要素市场的培育将重塑数字经济形态，进一步提高数据要素在数字经济发展过程中的流通效率与市场价值，促使数据要素为经济高质量发展提供新动能。在此背景下，作为数字经济时代的关键生产要素，如何建设数据要素市场，完善交易机制体制，扩大数据交易规模，实现数据要素的市场化配置，进而推动数字经济发展等有待进一步探索，这是近年来政府和学术界关注的重要课题。

数据作为数字经济时代企业最重要的资源和生产要素之一，正在吸引越来越多的学者投入其研究。

首先是关于数据要素特征的研究。数据作为数字经济时代一种新的生产要素，具有非竞争性、规模报酬递增、可再生性等主要特征。非竞争性的存在使得同一组数据可以无限复制给多个主体同时使用，一个额外的使用者不会减少其他现存数据使用者的效用。对于企业来说，其拥有的数据规模越大、种类越丰富，产生的信息和知识就越多，因此数据要素呈现规模报酬递增特征。规模报酬递增特征表明，随着数据规模增大及维度增加，人们从数据中获取的经济价值将呈指数级增长。与传统生产要素不同，而数据要素具有可再生性，不但不会随着使用次数的增多而减少，反而可以多次循环使用，数据要素价值则不断提升。

其次是关于数据要素对经济增长的作用研究。数据生产要素不仅可以缩短生产过程各环节的时间以提高劳动生产率，还可以通过降低生产资料成本、缩短资本流通时间，以创造和实现更多价值。崔俊富和陈金伟（2021）通过测算数据生产要素对中国经济增长的贡献，发现当前数据要素对中国经济增长的贡献较小。数据要素通过要素驱动、融合激发、协同提升、反馈正配等方式赋能经济增长。大数据分析技术的运用提高了新知识的发现率，数据生产要素通过驱动知识生产促进了经济增长速度的提升。数字经济是以数据生产要素为代表的新经济形态的描述，可以通过新的投入要素、新的资源配置和新的全要素生产率促进经济增长。此外，部分学者探讨了数字经济对包容性增长、高质量发展、城市创新能力、产业结构以及企业创新绩效的影响。

由此看到，现有文献对于数据要素特征、数据要素对经济增长的贡献等问题进行了深入系统的研究，取得了丰硕的研究成果，为笔者提供了很好的研究基础。但通过文献检索也发现，目前关于数据要素市场的建设、数据要素市场化配置的机制体制建设的文献则相对较少，特别缺少来自实践的经验验证。此外，部分文献深入研究了数据要素赋能经济增长的理论机制，但是很少有文献关注数据要素市场对数字经济发展的影响及其作用机制。本节可能的边际贡献在于：第一，本节以陆续建立数据交易平台作为数据要素市场建设的准自然实验，在一定程度上缓解了数据要素难以衡量及其可能存在的内生性问题；第二，本节考察数据要素市场建设对城市数字经济发展的影响，为数据要素市场化配置政策的有效性提供理论依据与经验证据；第三，本节基于产业融合和要素配置效率视角，识别了数据交易平台建设促进城市数字经济发展的影响机制，这不仅是对既有研究的补充，也有助于进一步打开数据要素市场建设推动数字经济发展的黑箱。

一、数据交易平台建设的背景

随着数据的价值化发展，中国数据要素市场培育与建设的步伐逐渐加快。数据交易主体作为数据要素流通与交易的重要参与者，对数据要素市场建设至关重要。从供给侧来看，数据交易由政府主导向社会多主体共建发展，即由政府指导类、数据服务商类、大型互联网企业三类主体共同参与。其中，政府指导类是最早加入数据交易市场，也是规模最大的数据交易主体，遵循"政府指导，市场化运作"的理念，通过指导相关数据交易平台建设、建设数据交易所等方式来推动数据要素交易与配置，激活数据要素价值。与传统的市场交易渠道不同，数据交易平台通过数据线上交易和线下服务的高效协作，实现数据要素高效配置。2012 年以来，"大数据"一词越来越多地被人们提及，该词用来描述和定义信息爆炸时代产生的海量数据，有媒体将 2013 年称为"大数据元年"。2014 年 2 月 20 日，我国首个大数据交易平台——中关村数海大数据交易平台正式启动，之后数据交易平台数量呈增长态势。截至 2023 年 6 月，中国已成立了贵阳大数据交易所、上海数据交易中心、钱塘大数据交易中心等 44

家数据交易平台。从地域分布来看，44家数据交易所主要集中在京津冀、珠三角、长三角、中西部经济发达地区。

二、研究假设

（一）假设一

数据要素市场化是数据要素优化配置的制度基础，完善的数据要素市场可以激发数据供给者不断提供优质的数据，保障数据需求者在市场上以相对公允的价格得到所需的数据，是数字经济发展的内生动力。同时，完善的数据要素市场能促进数据要素资产价值实现，为企业数据开放交易、数字技术应用和商业模式转型提供充分的经济激励，加快地区数字经济发展。数据要素市场建设将重塑数字经济形态，大幅提高数据要素配置效率，发挥数据要素对传统要素配置效率的倍增作用，为数字经济高质量发展提供新动能。数据交易是打破信息孤岛和行业信息壁垒、促进高价值数据汇聚对接、满足数据市场多样化需求、实现数据价值最大化的重要渠道。数据交易平台是保障数据交易实现的重要载体，是联系数据交易需求双方的重要纽带，它既是数据交易的组织者，也是交易活动的参与者。可以说，一个地区有没有完善的数据交易平台，直接影响该地区的数字经济发展速度和发展水平。基于数据交易平台的数据要素市场建设有利于促进数据要素流动，充分挖掘数据要素的潜力，打破数据壁垒，破解数字鸿沟，激活数据价值，推动数字经济蓬勃发展。基于以上讨论，笔者提出研究假设一：数据要素市场建设能有效提升城市数字经济发展水平。

（二）假设二

数据要素市场建设之所以能够促进城市数字经济发展，其传导机制如下：第一，数据要素市场建设促进制造业和服务业融合发展。在数字经济时代，以大数据、互联网为代表的新一代信息与通信技术突破了工业经济时期的行业壁垒,不仅改造了传统产业,还加速了产业融合,催生了制造业与服务业融合发展的新产业形态,如智能制造、个性化定制等产业融合领域。基于数据交易平台的数据要素市场建设促进数据要素向传统制造业流动,传统制造业可以从数据中提炼顾客的需求偏好、供应链供给、生产物料供给等企业需要的信息,通过数据要素与其他资源的重新整合,实现企业自身数字化改造与转型。数据是制造业与服务业融合发展催生新产品、新服务过程中的关键要素,利用从数据中挖掘的信息能帮助企业优化研发流程、生产流程、库存与配送流程,改变制造企业的商业模式。

制造业和服务业融合发展是地区数字经济发展的重要动力。一方面,制造业和服务业融合发展形成的新兴融合产业是产业数字化的重要组成部分。制造业和服务业融合形成服务型制造,其实质是基于数字技术将数字化信息应用到生产制造、研发设计、营销服务等多个环节,加快传统制造业数字化转型,扩大地区产业数字化规模。另一方面,制造业和服务业融合加速电子信息制造、软件与信息服务、互联网与信息服务等信息化产业的发展,提高地区数字化产业比重与规模。同时,制造业和服务业融合发展也为新一代信息技术产业的发展提供数字化应用场景,从而推动地区数字经济发展。

第二,数据要素市场建设提升资本与劳动配置效率。基于数据交易平台的数据要素市场建设加速了数据要素流动与交易,促进数据要素通过行业间应用和跨行业链接融入实体经济。一方面,数据要素市场建设提升了劳动与资本等传统要素的生产效率。数据要素通过与劳动者、劳动资料等劳动要素融合,提升劳动者素质,优化劳动者与劳动资料的配置,有效提高劳动生产效率。数据要素借助要素配置的快速优化和集成共享,在价值创造过程中提升劳动与资本配置效率。另一方面,数据要素市场建设推动劳动与资本的价值增值。数据要素凭借其灵活的流动性和易复制特性,对劳动、资本具有很强的渗透性,通过与传统生产要素的深入融合实现价值增值。数据与传统的资本、劳动要素融合,促进资本深化,使单位劳动创造更高的劳动生产率,实现生产要素的价值增值。

由此，本节提出研究假设二：数据要素市场建设通过促进制造业与服务业融合发展，提升资本与劳动配置效率，进而推动城市数字经济发展。

（三）假设三～假设五

数据交易平台建设的实施效果依赖于城市的数字基础设施情况。完善的数字基础设施能够提升网络通信便捷性与信息化水平，吸引更多外来数字化企业和资本流入，有利于强化数字经济发展优势。此外，作为数据要素发挥生产力作用的载体，数字化基础设施平台的发展促进数据要素的充分流动，也有利于地区数字经济的发展。

作为数字经济发展的重要组成部分，产业数字化通过运用数字技术将数据要素与传统生产要素深度融合，推动传统产业向数字化、智能化转型升级。此外，城市自身的技术创新能力对数字产业化和产业数字化发展至关重要，对数字经济发展产生深刻的影响。因此，创新能力较高的城市本身具有数字经济发展的比较优势。

数据要素交易平台建设之后，政府干预程度是影响地区数字经济发展的因素之一。政府实施干预的主要目的是弥补市场失灵，但过度的政府干预可能会造成数据要素配置扭曲。适当的政府干预能够打破地区体制机制障碍与制度壁垒，为数据要素的充分流动与交易打造高效、便捷的流通环境，充分结合有为政府和有效市场，发挥总量信息优势引导数据要素市场化配置。综合上述分析，笔者提出以下研究假设：

假设三：城市数字基础设施越完善，数据要素市场建设对城市数字经济发展的效应越大。

假设四：在创新能力较高的城市，数据要素市场建设产生的经济效应更显著。

假设五：在政府干预程度较低的城市，数据要素市场建设对数字经济发展产生显著正向效应。

三、研究设计

（一）模型构建

在基准模型的设计上，本节根据处理组与控制组的选取原则将建立数据交易平台的城市作为处理组，其余城市列入对照组。具体的基准模型设定如下：

$$\mathrm{diged}_{it} = \alpha_0 + \alpha_1 \mathrm{dtp}_{it} + \beta X + e_i + m_t + \varepsilon_{it}$$

式中，i、t 分别表示城市、年份；diged 表示数字经济发展水平；dtp 为核心解释变量，若城市 i 在第 t 年建立了数据交易平台，dtp 取值为 1，否则取值为 0；e_i 代表城市个体固定效应；m_t 表示年份固定效应；X 代表控制变量列向量；β 为相应的系数列向量。本节重点关注核心解释变量 dtp 的估计系数 α_1，α_1 表示数据要素市场建设对城市数字经济发展的影响。若 $\alpha_1>0$，则说明数据要素市场建设对城市数字经济发展有正向影响；若 $\alpha_1<0$，则说明数据要素市场建设对城市数字经济发展有不利影响。

（二）变量测度与说明

目前，测度数字经济的方法主要有两种：一是直接法，即在数字经济统计口径与产业分类范围内估算某一区域的数字经济规模；二是综合法，即通过构建多维度评价指标体系测算数字经济发展指数。笔者借鉴赵涛等（2020）、韩璐等（2021）构建的指标体系，并基于相关指标数据的可获得性，从互联网发展水平与数字普惠金融两个维度，运用主成分分析的方法测算 2011—2018 年中国 277 个城市的数字经济发展水平，记为 diged。此外，笔者还将经济发展水平（pgdp）、政府干预程度（gov）、金融发展水平（finance）、人力资本水平（hum）、外商投资（fdi）及居民工资（wage）作为控制变量，分别选取人均实际生产总值、财政支出占生产总值的比值、金融机构存贷款余额占生产总值的比重、每万人在校大学生数、外商直接投资额、城镇职工平均工资来度量。

（三）数据说明

笔者选取的数字普惠金融指标来源于北京大学数字金融研究中心，其余原始数据均主要来源于 2012—2019 年《中国城市统计年鉴》《中国统计年鉴》。由于北京大学数字金融研究中心课题组发布的中国城市数字普惠金融指数时间范围仅包括 2011—2018 年，且部分地级市的指标出现大量数据缺失，为了减小由样本选择导致的回归结果偏误，笔者以 2011—2018 年中国 277 个地级市为研究对象。同时，笔者对样本内的主要连续变量数据进行了 1%的缩尾处理，以此来降低极端值对回归结果的影响。

四、实证结果分析

（一）回归结果分析

建设数据交易平台作为数据要素市场建设的一项重要探索与实践，也是当前提高中国数据要素市场化配置效率的关键举措。本节运用双重差分法对基准模型进行估计，考察数据要素市场建设对中国城市数字经济发展的影响，回归结果如表 5-6 所示。

从回归结果可以看出，列（1）没有控制其他变量的影响，OLS 的回归结果表明核心解释变量 dtp 的估计系数显著为正。控制经济发展水平、政府干预程度、金融发展水平和人力资本水平之后列（2）dtp 的回归系数依然显著。为了降低 OLS 估计结果的偏误，列（3）至列（6）进行固定效应回归，发现核心解释变量的回归系数依然显著为正，列（4）中核心解释变量的回归系数为 0.149，在 1%的水平上显著。这说明以数据交易平台建设为表征的数据要素市场建设有效推动了城市数字经济发展，验证了前文提出的研究假设一。列（5）和列（6）在此基础上分别进一步控制了外商投资和居民工资等因素对城市数字经济发展的影响，核心解释变量的回归系数均在 5%的水平上显著为正。这表明控制变量的选取不会对基准估计结果产生较大影响,说明数据交易平台建设能够显著提高当地数字经济发展水平。

表 5-6 基准估计结果

变量	OLS			FE		
	(1)	(2)	(3)	(4)	(5)	(6)
dtp	1 506*** (0.449)	1 561*** (0.457)	0.133** (0.056)	0.149*** (0.057)	0.130** (0.061)	0.127** (0.061)
ln pgdp		−0.098** (0.047)		−0.020 (0.017)	−0.010 (0.019)	−0.028 (0.021)
gov		−0.450* (0.257)		−0.044 (0.090)	−0.054 (0.116)	−0.082 (0.117)
finance		0.043* (0.023)		0.008 (0.007)	0.006 (0.007)	0.003 (0.007)
ln hum		−0.016 (0.023)		−0.001 (0.008)	0.002 (0.009)	0.002 (0.009)
ln fdi					−0.007* (0.004)	−0.007* (0.004)
ln wage						0.076* (0.044)
城市固定效应	是	是	是	是	是	是
年份固定效应	是	是	是	是	是	是
样本量	2 215	2 171	2 215	2 171	2 057	2 047
R^2	0.087	0.090	0.322	0.322	0.323	0.324

注:括号内为稳健标准误,*、**、***分别表示在10%、5%、1%的水平上显著,下同。

此外,目前中国地区间数字经济发展不平衡问题日益突出,由此形成的数字鸿沟问题不容忽视。基于数据要素市场视角,笔者参考周利等(2020)的做法,从实证层面分析不同地区之间的数字经济发展是否存在数字鸿沟问题。在基准回归模型的基础上进行分位数回归,图 5-2 报告了不同分位段下核心解释变量 dtp 的回归系数。可以看到,随着分位段的逐渐提升,核心解释变量的估计系数逐渐变大,这说明以数据交易平台建设为表征的数据要素市场建设扩大了城市间数字经济发展差距,使地区间在短期内呈现显著的"数字鸿沟"。

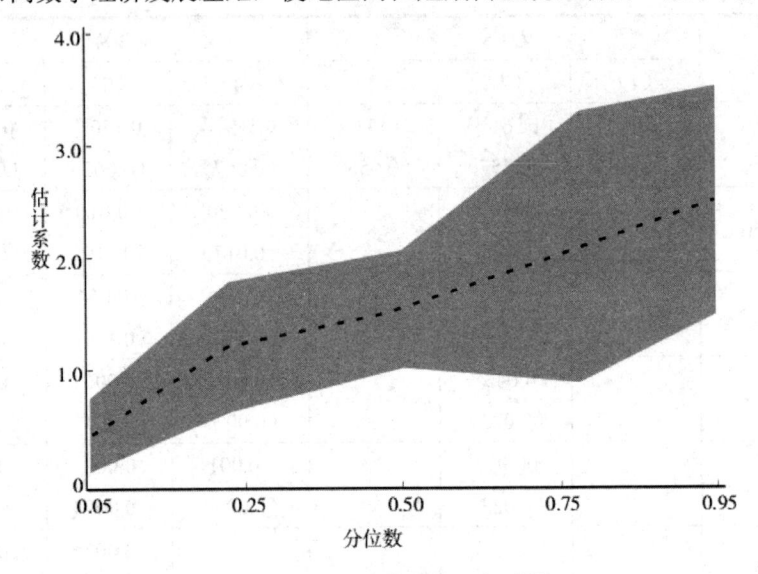

图 5-2　不同分位数的回归系数

(二)平行趋势检验

平行趋势检验是应用双重差分法的重要前提,为了检验数据交易平台建设之前的平行趋势以及观测该举措实施之后的影响,笔者采用事件分析法检验数据交易平台建设对城市数字经济发展的影响。

由图 5-3 可以看出,在该项举措实施前的三年内,估计系数的变化比较平缓,这表明处理组城市与对照组城市在数据交易平台正式建设之前并无显著差异。此外,数据交易平台正式建设当年的估计系数较小,且不显著,由于 2014 年数据交易平台数量太少,只有北京市正式建设了数据交易平台,所以该举措在实施当年的效果并不明显。然而,从数据交易平台正式建设后的第一年开始,估计系数出现明显的上升,这表明数据交易平台建设显著地促进了处理组城市的数字经济发展。以上估计结果表明平行趋势假设成立。

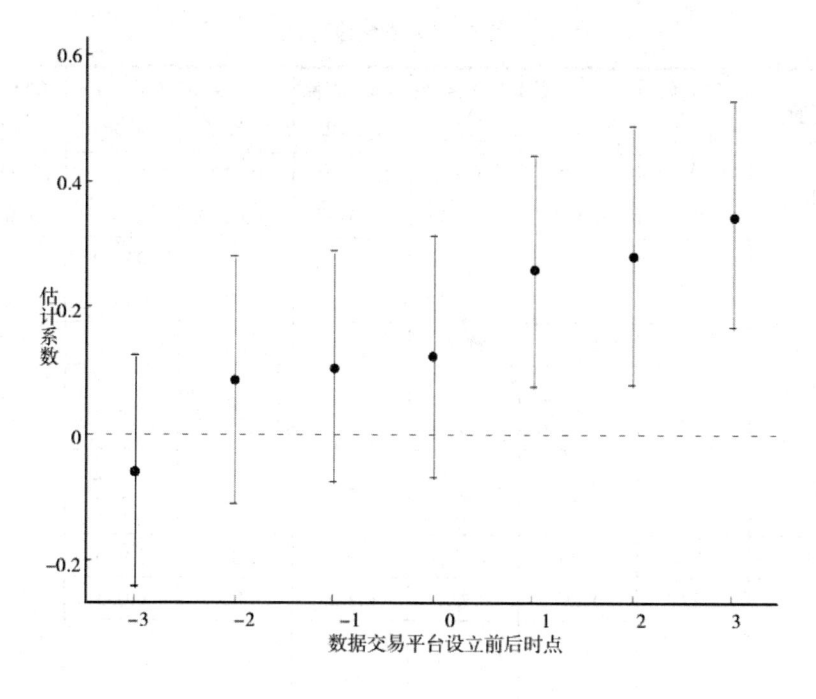

图 5-3 平行趋势检验

（三）稳健性检验

1.倾向得分匹配差分

为了消除处理组与对照组城市样本带来的特征差异的干扰，降低回归估计偏误，笔者进一步利用倾向得分匹配差分法进行估计，以保证本节结论的稳健性。表 5-7 列（1）至列（3）显示了倾向得分匹配差分的估计结果，可以看到无论是选择核匹配、k 近邻匹配还是半径匹配法，核心解释变量的回归系数均在 5%的水平上显著为正。该结果说明样本内城市个体特征差异的影响较小，研究结论的稳健性较好。

表 5-7 稳健性检验

变量	（1）核匹配	（2）k 近邻匹配	（3）半径匹配	（4）剔除直辖市	（5）反事实检验	（6）第一阶段	（7）第二阶段
dtp	0.128** （0.062）	0.177** （0.073）	0.178** （0.073）	0.134** （0.068）	0.012 （0.095）		0.122*** （0.019）
iv						0.046*** （0.007）	
控制变量	控制	控制	控制	控制	控制	控制	控制
城市固定效应	是	是	是	是	是	是	是
年份固定效应	是	是	是	是	是	是	是
样本量	1 886	1 290	1 270	2 027	2 047	1 983	1 829
R^2	0.327	0.437	0.434	0.328	0.328	0.035	0.335
第一阶段 F 值						15.850	

2.剔除直辖市

由于笔者选取的城市样本中的四个直辖市均建设了数据交易平台，而四个直辖市的经济社会综合发展水平远高于大多城市，估计结果可能会受到这部分极端值的影响。因此，笔者将北京、上海、天津和重庆四个直辖市全部予以剔除。剔除四个直辖市后的估计结果如表 5-7 列（4）所示，dtp 的回归系数为 0.134，且在 5%的水平上显著，这表明在排除直辖市可能存在的极端值干扰之后，估计结果依然可靠。

3.反事实检验

在梳理数据交易平台建设举措探索历程后，笔者认为数据交易平台开始建设的时间节点为 2014 年，假设该举措实施的时间提前至 2013 年，若估计结果不显著，则认为数字经济发展水平的提升效应来自数据交易平台的建设，而非其他不可观测因素。从表 5-7 中列（5）可知，核心解释变量的回归系数为 0.012，但并不显著，这表明 2013 年的举措实施并没有诱发城市数字经济发展水平的提升，数据交易平台的正式建设驱动了城市数字经济发展，城市数字经济的提升来源于 2014 年数据交易平台开始正式建设。

4. 内生性处理：工具变量法

为了在较大程度上缓解内生性问题，识别数据要素市场建设对城市数字经济的影响的净效应，亟须寻找一个合适的工具变量。笔者在样本期内选取的政府指导类数据交易平台主要分布在华东、华北和西南地区，其分布与地区的信息基础设施能力相关。因此，笔者借鉴黄群慧等（2019）的做法，选择各城市 1984 年拥有的邮局数量作为是否建设数据交易平台的工具变量。由于选取的各城市 1984 年的邮局数量属于横截面数据，而样本为面板数据，因此进一步将各城市 1984 年的邮局数量与上一年全国层面的人均光缆线路长度的交互项作为面板工具变量。

笔者利用两阶段最小二乘法（2SLS）进行检验，其结果如表 5-7 列（6）和（7）所示，无论是否加入控制变量，第一阶段回归的 F 统计量值大于 10，这表明该工具变量与内生解释变量之间高度相关，即不存在弱工具变量问题。从第一阶段回归结果可以看出，工具变量 iv 的估计系数显著为正，这表明某城市在 1984 年拥有的邮局数量越多，该城市建设数据交易平台的概率越大。第二阶段回归进一步发现，在使用了工具变量之后，dtp 的回归系数在 1%的水平上依然显著，且对被解释变量 $diged$ 的作用方向同基准回归一致，这说明经过内生性处理之后以数据交易平台建设为表征的数据要素市场建设依然可以显著促进城市数字经济发展，表明基准模型的估计结果并未受到潜在内生性问题的影响。

五、作用机制分析与异质性分析

（一）作用机制分析

笔者利用中介效应模型从产业融合和要素配置效率视角进行作用机制分析，制造业和服务业融合发展是产业融合的关键，因此选取城市层面制造业和服务业融合水平来度量城市产业融合水平。对于城市制造业和服务业融合水平的测度，笔者借鉴赵涛等（2020）的方法，选取城市生产性服务业从业人数占城镇单位从业人数的比重来衡量制造业和服务业融合水平。此外，借鉴白俊红和卞元超（2016）的测算方式，选取劳动和资本配置效率来代替城市要素配置效率。

从制造业和服务业融合、要素配置效率视角进行机制分析，即在基准模型的基础上将被解释变量换成城市生产性服务业从业人数占比、资本和劳动配置效率指标。相关回归结果表明，dtp 的估计系数分别在 1%、5%和 10%的水平上显著，这说明产业融合、要素配置效率是数据交易平台建设促进数字经济发展的重要机制，基于数据交易平台的数据要素市场建设显著促进了城市的制造业和服务业融合，提高了城市资本和劳动配置效率。此外，笔者将机制代理变量作为中介变量，包括制造业和服务业融合、资本和劳动配置效率，进一步做中介效应检验。检验结果表明资本和劳动配置效率的回归系数分别为 0.042、0.077，至少通过了 10%的显著性检验。数据要素市场建设通过促进制造业和服务业融合发展、提高资本与劳动要素配置效率，有效驱动了城市数字经济发展，这验证了前文提出的研究假设二。

（二）异质性分析

在基准模型的基础上，笔者加入异质性指标的虚拟变量进行异质性分析，如将城市数字基础设施水平等于或低于中位数值的城市定义为数字基础设施水平较低城市，其余为数字基础设施水平较高城市。限于数据的可得性，笔者从互联网普及率和移动互联网用户数两个层面综合度量城市数字基础设施水平，即分别选取每百人互联网用户数和每百人移动电话用户数作为基础指标，通过标准化处理和运用主成分分析法，得到城市数字基础设施水平指标。此外，笔者选取寇宗来和刘学悦（2017）的城市创新指数数据来衡量城市的创新能力。

数字基础设施的异质性分析结果显示：数字基础设施水平较高城市 dtp 的回归系数为 0.146，且在 5%的水平上显著，而数字基础设施水平较低城市 dtp 的估计结果并不显著。这表明数字基础设施完善的城市在数据要素市场化配置中更能取得显著的效果，验证了前文提出的研究假说三。相比于创新能力较低的城市，以数据交易平台建设为表征的数据要素市场建设在创新能力较高的城市可以取得更好的效果，这验证了前文提出的研究假设四。此外，在政府干预程度更低的城市中，dtp 的回归系数为 0.148，且通过了 10%的显著性检验；而政府干预程度更高城市中，dtp 的估计系数虽然为正，但并不显著。这表明与政府干预程度较高的城市相比，以数据交易平台建设为表征的数据要素市场建设在政府干预程度较低的城市可以取得显著的效果，验证了前文提出的研究假说五。

基于以上研究结论，笔者提出以下建议：①加快构建数据交易平台或数据交易所，培育可信的数据要素交易市场。一方面需大力支持和鼓励现有区域性数据交易平台建立安全可信的数据交易系统，完善顶层设计，制定统一的数据交易标准和数据交易规则；另一方面应选择条件合适的地区继续推广数据交易平台试点，支持各类所有制企业参与数据要素交易平台建设，加速释放数据要素市场红利，缩小地区间的数字鸿沟。②推动制造业与服务业融合发展，提升要素配置效率。制造业应加快培育智能制造、柔性化定制、网络化协同制造等新业态与新模式，加强数字化技术在服务领域的推广与运用。此外，发挥市场机制在劳动与资本要素配置方面的决定性作用，借助数据要素市场促进数据要素与劳动、资本等传统有形要素融合，提升劳动与资本等有形生产要素的配置效率。③完善数字化基础设施，为数字经济发展奠定基础。坚持"全国一盘棋",推进 5G 基站、云计算中心和互联网等数字化基础设施建设,兼顾区域协调发展,推动新型数字基础设施向中西部地区倾斜,弥补区域数字经济发展出现的"数字鸿沟"。④瞄准高端前沿核心技术,深化数字经济领域"放管服"改革,为数字经济发展提供动力与保障。瞄准量子信息、生物信息、人工智能等数字经济领域的前沿核心技术,确定未来数字产业化方向。同时,充分发挥政府和市场"两只手"的作用,推进数据要素市场化进程,通过完善数据资源监管制度打破数据要素流通环节壁垒,激活数据要素价值。

第六章　城市经济与市场互动实践案例

第一节　房地产业与城市经济发展之间的关系——以珠海经济特区为例

从人文情怀的角度来说，城市发展的主要目的是使居住在这座城市的人找到归属感。从经济学的角度来说，就业和住房是推动城市经济发展的中坚力量。只有就业充分，人们生活得到改善，才能带动城市经济的进一步发展；而住房供需的平衡，也是促使城市经济更具有分量的一个砝码。

一、珠海房地产市场存在的问题

（一）珠海房价偏高

《2016 年珠海楼市报告》显示，2016 年珠海整体楼市呈现爆发性成交趋势，均价为 19 612.62 元/平方米，同比增长的价格为 3 606.66 元/平方米。纵观珠海全市，各区的房价大多出现上涨的趋势，其中增幅较为明显的是金湾区的房价，同比增幅达到了 4 381 元/平方米。2022 年，珠海市新建商品房的平均价格在 21 624~21 923 元/平方米范围内波动。高房价及购房难度将会影响珠海房地产市场及城市经济可持续发展的步伐。

（二）珠海住房供给制度不完善

珠海近年的高速发展给房地产市场带来了许多机遇，但是在城市迅速发展的过程中，问题也随之而来。在珠海，大型高档住宅区的供应量日渐攀升，房价也居高不下，均价都在 30 000 元/平方米以上。与高档住宅区供应量过剩相较而言的是经济适用房、普通住房的短缺。由于港珠澳大桥为珠海带来的影响，珠海逐渐成为珠三角地区又一块新的投资圣地，大量的投资商进驻珠海，推动珠海房价上升到了一个新的历史增长高点。但是伴随着高速的发展，过大的投资数目导致房价上涨速度过快的情况反而给珠海经济的发展带来了一些阻碍。许多开发商以怡人的环境作为高级商品房的卖点，大量开发高级住宅区反而造成了城市开发的不合理现象。闲置的高级住宅与紧缺的普通住房之间的矛盾，凸显出珠海住房供给制度不完善的问题。所以完善珠海住房制度是发展珠海城市经济时需要注重的要点之一。

（三）珠海投机性购房占比偏高

所谓投机，是指投机人根据对市场目前走势的判断，把握住最佳机会，通过市场出现的价格差别获得利润的交易行为。外扩形式的珠海房地产市场，吸引了来自不同地方的投资者进行房地产的投资，近年的投机性购房比重偏高主要是由珠海房地产市场形势这一因素决定的。从短期来看，众多投资者涌入珠海房地产市场可以给房地产行业带来积极的影响，呈现繁荣的景象，但是带有投机性目的的投资者不断增加，往往使房价水涨船高，商品房过剩的比率越来越高，价格也越来越贵，这让想买房的人望而却步。对于一座发展型城市来说，城市的发展是环环相扣的，而这样的房地产现象往往是不利于城市未来的可持续发展和进步的，所以投机性购房的占比也是珠海房地产市场存在的一个亟待解决的问题。

二、从房地产的角度促进珠海经济结构升级的对策

（一）解决珠海房价短时间内涨幅过快的问题

为解决珠海房价短时间内上涨过快的问题，可以向某些国家或地区学习抑制房价不理智上升的手段。比如，众多投资者的涌入导致澳大利亚的房产供需不平衡从而产生价格上的节节升高，所以澳大利亚上调了针对海外投资者的附加印花税和土地税。这项政策一颁布，不仅能给澳大利亚本国带来额外收入，遏制本国房产价格上涨过快，同时也可以遏制投资者一再将澳大利亚房价炒高，是值得珠海市人民政府效仿的。

（二）制定合理的政策，减少"地王"频出现象发生

为了促进珠海经济结构的发展，应该科学地对土地进行征用和开发，将土地资源的效用发挥到最大限度。对于土地的需求量，需要通过投资者主动对市场进行判断而去抉择，尽早地对土地的情况进行分析，对目前市场的情况进行观察，对资金进行合理规划，以此提高土地供应量的科学性和高效性。也可以通过收购存量型的商品房，调节保障性住房的分配方式，盘活闲置房屋，使其发挥最大的作用。建立透明公开的竞价制度，完善土地市场的制度及手续，防止恶性的竞争竞地和产生虚高的房价。剔除某些通过借高利贷进行竞标土地的开发商，避免此类投资方扰乱房地产行业秩序。保证房地产业的供需平衡，以此来确保珠海经济的健康稳定发展。

（三）抑制投机性购房需求

最近几年，房地产金融集中在房地产信贷和利率这两方面的重点调整和控制。没有特定限制的利率政策并不能对房地产起到辨别真实和投机两者之间的需求的作用，从而也不能有效地控制带有投机性质的购房行为。应通过运用灵

活的信贷利率组合，将具有不同需求的购房者进行科学区分，对首套房购买者给予一定优惠，同时对于购置多套房或带有投机性质的购房者采取征收较高的房产税、土地使用税等措施遏制恶性投机投资行为，保持市场的健康性和稳定性。

第二节　城市经济活力与房地产业之间的耦合协调关系——以深圳市为例

城市经济发展与房地产业之间的相互作用关系一直是各级政府和学术界关注的热点。城市经济活力作为城市经济发展的一个重要方面，同样与房地产业存在着明显的互动关系。一方面，城市经济活力是城市经济发展过程中所具有的发展能力与潜力，表现为经济实体竞争能力、市场适应能力以及对经济要素的吸引能力。城市内部充分的经济活力促进了城市经济的快速发展，经济的快速发展为房地产业提供了大量的资金，进一步推动了房地产业发展。另一方面，房地产发展带动了相关产业的快速发展，促进充分就业，增加政府税收，对城市经济活力的提升具有良好的促进作用。因此，城市经济活力与房地产业是城市发展中两个既具有一定独立性又紧密相关的系统，二者相辅相成。

深圳市作为我国最早实施改革开放的经济特区，率先进行以市场为导向的经济体制改革，坚持实行"引进来""走出去"，极大地激发了城市经济活力。2022 年深圳市生产总值达 32 387.68 万亿元，位居城市排名第 3。在国家努力将粤港澳大湾区建设成为更具活力的经济区和国际一流湾区的宏伟目标下，深圳市作为大湾区核心城市，其经济活力仍具有较大的提升空间。与此同时，深圳市也是我国当前城市化水平最高、房地产市场发展最为成熟的城市之一，研究其城市经济活力与房地产业耦合协调发展关系对于我国其他城市具有一定的借鉴意义。此外，探讨不同时期二者的耦合协调发展水平能够为提升深圳经济活力、建立房地产行业平稳健康发展长效机制提供重要依据，进而促进深圳市的高质量发展。因此，研究深圳市经济活力与房地产业的耦合协调发展关系具有重要的现实意义。

一、研究方法

（一）指标体系构建

遵循评价指标选取的系统性、科学性、可比性和可获得性等原则，结合深圳市自身特点及已有的研究成果，本研究建立了包含2个一级指标、9个二级指标、34个三级指标的评价指标体系，如表6-1所示。该评价体系包括两个系统，即城市经济活力系统和房地产业发展水平系统。其中，城市经济活力系统从经济成长性、对生产要素的吸引力、创新创业能力及科教投入、就业及居民生活质量、环境及配套5个维度进行构建，包括人均生产总值、固定资产投资额、专利授权总量、年末就业人员合计等24个指标；房地产业发展水平系统由投资建设、市场经营、企业情况、结构特征等4个方面构成，包括房地产开发投资额、商品房销售面积、房地产开发企业个数、房地产开发投资占固定资产投资比重等10个指标。

表6-1　城市经济活力与房地产业发展水平评价指标体系

一级指标	二级指标	三级指标	单位	指标性质	权重
城市经济活力	经济成长性	人均生产总值	元	正向	0.044 8
		第三产业增加值	万元	正向	0.053 2
		地方一般公共预算收入	万元	正向	0.061 6
		企业总数	户	正向	0.072 4

续表

一级指标	二级指标	三级指标	单位	指标性质	权重
城市经济活力	经济成长性	规模以上工业企业利润总额	万元	正向	0.039 1
		进出口总额	万美元	正向	0.036 0
	对生产要素的吸引力	实际外商直接投资	万美元	正向	0.035 4
		固定资产投资额	万元	正向	0.052 2
		年末常住人口	万人	正向	0.027 9
	创新创业能力及科教投入	专利授权总量	件	正向	0.059 1
		高新技术产品增加值	万元	正向	0.048 3
		高新技术产品出口总额	万美元	正向	0.036 6
		普通高等学校在校学生数	人	正向	0.028 8
		研究与试验发展（R&D）经费支出	万元	正向	0.050 5
		教育经费支出	万元	正向	0.057 5
	就业及居民生活质量	年末就业人员合计	万人	正向	0.041 8
		私营个体就业人员数占总就业人员数比重	%	正向	0.028 8
		居民人均可支配收入	元	正向	0.046 0
		城镇登记失业率	%	负向	0.020 0
		恩格尔系数	%	负向	0.036 4
		社会消费品零售总额	万元	正向	0.049 0
	环境及配套	人均公园绿地面积	平方米	正向	0.018 8
		人均道路面积	平方米	正向	0.039 7
		空气质量优良天数	天	正向	0.016 1
房地产业发展水平	投资建设	房地产开发投资额	万元	正向	0.160 6
		商品房新开工面积	万平方米	正向	0.081 7
		商品房施工面积	万平方米	正向	0.092 1
		商品房竣工面积	万平方米	正向	0.110 6
	市场经营	商品房销售面积	万平方米	正向	0.098 9
		商品房销售额	万元	正向	0.133 7

续表

一级指标	二级指标	三级指标	单位	指标性质	权重
房地产业发展水平	企业情况	房地产开发企业个数	个	正向	0.078 4
		房地产开发企业从业人数	人	正向	0.087 9
	结构特征	房地产开发投资占固定资产投资比重	%	正向	0.067 5
		房地产业增加值占地区生产总值比重	%	正向	0.088 6

（二）数据来源及处理

1.数据来源

研究的原始数据来源于 2000—2020 年《深圳统计年鉴》《中国房地产统计年鉴》以及《深圳市国民经济和社会发展统计公报》，形成的原始数据矩阵记为 X 和 Y：

$$X = \{X_{ij}\}(1 \leqslant i \leqslant 21, 1 \leqslant j \leqslant 24)$$
$$Y = \{Y_{iz}\}(1 \leqslant i \leqslant 21, 1 \leqslant z \leqslant 10)$$

式中，X_{ij} 表示第 i 年第 j 项衡量城市经济活力的指标原始数据；Y_{iz} 表示第 i 年第 z 项衡量房地产业发展水平的指标原始数据。

2.数据处理

为消除量纲与量级的影响，在计算综合指数前需要对数据进行标准化处理，笔者运用非零变换的极差标准化方法进行计算，城市经济活力指标的标准化过程如下式所示，房地产业发展水平指标的标准化同理。

正向指标：

$$\frac{x_{ij} - \min(x_j)}{\max(x_j) - \min(x_j)} \times 0.9 + 0.1 (1 \leqslant i \leqslant 21, 1 \leqslant j \leqslant 24)$$

负向指标:

$$\frac{\max(x_j)-x_{ij}}{\max(x_j)-\min(x_j)}\times 0.9+0.1 (1\leqslant i\leqslant 21, 1\leqslant j\leqslant 24)$$

正向指标和负向指标采用不同的标准化处理方法进行处理后得到标准化矩阵如下:

$$M=\{M_{ij}\}(1\leqslant i\leqslant 21, 1\leqslant j\leqslant 24)$$
$$N=\{N_{iz}\}(1\leqslant i\leqslant 21, 1\leqslant z\leqslant 10)$$

(三) 指标权重确定

为克服主观赋权法造成的人为主观因素影响,本节采用熵值赋权法来确定城市经济活力与房地产业发展水平两个系统中各项指标权重,具体步骤如下:

第一,在原始数据矩阵标准化处理的基础上,分别计算出城市经济活力与房地产业发展水平系统中第 j 项和第 z 项指标下第 i 年样本数据的特征比重 T_{ij} 和 R_{iz}:

$$T_{ij}=M_{ij}/\sum_{i=1}^{21}M_{ij}(1\leqslant i\leqslant 21, 1\leqslant j\leqslant 24)$$

$$R_{iz}=N_{iz}/\sum_{i=1}^{21}M_{iz}(1\leqslant i\leqslant 21, 1\leqslant z\leqslant 10)$$

第二,计算出城市经济活力与房地产业发展水平系统指标的熵值 e_j 和 e_z:

$$e_j=-k\sum_{i=1}^{21}T_{ij}\ln T_{ij}\left(k=\frac{1}{\ln 21}\right)(1\leqslant i\leqslant 21, 1\leqslant j\leqslant 24)$$

$$e_z=-k\sum_{i=1}^{21}R_{iz}\ln R_{iz}\left(k=\frac{1}{\ln 21}\right)(1\leqslant i\leqslant 21, 1\leqslant z\leqslant 10)$$

第三,计算各指标的差异系数 g_j 和 g_z:

$$g_j = 1 - e_j (1 \leqslant j \leqslant 24)$$
$$g_z = 1 - e_z (1 \leqslant z \leqslant 10)$$

第四，分别计算出城市经济活力第 j 项指标的权重 W_j 以及房地产业发展水平第 z 项指标的权重 W_z：

$$W_j = g_j / \sum_{j=1}^{24} g_j (1 \leqslant j \leqslant 24)$$
$$W_z = g_z / \sum_{z=1}^{10} g_z (1 \leqslant z \leqslant 10)$$

第五，运用线性加权法计算得出城市经济活力综合指数、房地产业发展水平综合指数，具体计算公式如下：

$$T_{(X)} = \sum_{j=1}^{24} W_j \cdot M_{ij} (1 \leqslant i \leqslant 21, 1 \leqslant j \leqslant 24)$$
$$R_{(Y)} = \sum_{z=1}^{10} W_z \cdot N_{iz} (1 \leqslant i \leqslant 21, 1 \leqslant z \leqslant 10)$$

（四）耦合协调度模型建立

1. 耦合度模型

耦合度的概念来源于物理学领域，可用于描述两个系统间相互影响的程度，后被广泛引入社会科学领域。依据研究内容，将耦合度函数 C 定义为：

$$C = \frac{T_{(X)} \cdot R_{(Y)}}{\left(\alpha T_{(X)} + \beta R_{(Y)} \right)^2}$$

式中，C 表示耦合度，介于 0 和 1 之间。当 C 趋近于 0 时，表示城市经济活力与房地产业发展水平处于低水平耦合状态；当 C 趋近于 1 时，表示城市经济活力与房地产业发展水平耦合程度高；α、β 为权重系数，$\alpha + \beta = 1$，鉴于城市经济活力与房地产业是两个相互作用的系统，故取 $\alpha = \beta = 0.5$。

2.耦合协调度模型

耦合度能在一定程度上反映两系统间的相互作用程度，但难以全面地反映二者的整体功效与协同效应。为此，引入耦合协调度函数，函数形式如下：

$$D = \sqrt{C \cdot T}$$
$$T = aT_{(X)} + bR_{(Y)}$$

式中，D 为耦合协调度；T 为城市经济活力与房地产业发展水平综合调和指数，表征城市经济活力与房地产业发展水平整体协同效应；a、b 为待定系数，表示两个子系统对整个系统的重要程度，本节视两者同等重要，故设定 a、b 值均为 0.5。

3.耦合协调发展阶段

根据耦合度 C 及耦合协调度 D 的大小，对城市经济活力与房地产业发展水平的耦合协调类型进行等级划分，如表 6-2、表 6-3 所示。

表 6-2 耦合度等级划分

C	所处阶段
0.8＜C≤1	高水平耦合阶段
0.5＜C≤0.8	磨合阶段
0.3＜C≤0.5	拮抗阶段
0＜C≤0.3	低水平耦合阶段

表 6-3 耦合协调度等级划分

D	协调等级	D	协调等级
0.9＜D≤1	优质协调	0.4＜D≤0.5	濒临失调
0.8＜D≤0.9	良好协调	0.3＜D≤0.4	轻度失调
0.7＜D≤0.8	中级协调	0.2＜D≤0.3	中度失调
0.6＜D≤0.7	初级协调	0.1＜D≤0.2	严重失调
0.5＜D≤0.6	勉强协调	0＜D≤0.1	极度失调

二、深圳市经济活力与房地产业耦合协调关系分析

（一）经济活力综合评价

结合图 6-1、表 6-4 可以看出，深圳市经济活力综合指数逐年升高，从 1999 年的 0.153 1 增长至 2019 年的 0.913 3，呈现稳步提升的良好态势。从城市经济活力提升的阶段性特征来看，可以将深圳市经济活力的提升划分为 1999—2008 年以及 2009—2019 年两个阶段。其中，1999—2008 年的 10 年间，深圳市经济活力的提升速度较为缓和；而 2008 年以后，深圳市经济活力的提升速度有所增长，这与一系列国家级政策的落地实施有关，如 2008 年深圳"一区四市"定位的确立，以及 2017 年《深化粤港澳合作 推进大湾区建设框架协议》的签署和 2019 年中国特色社会主义先行示范区综合改革方案的实施，均在一定程度上促进了深圳市经济活力的提升。

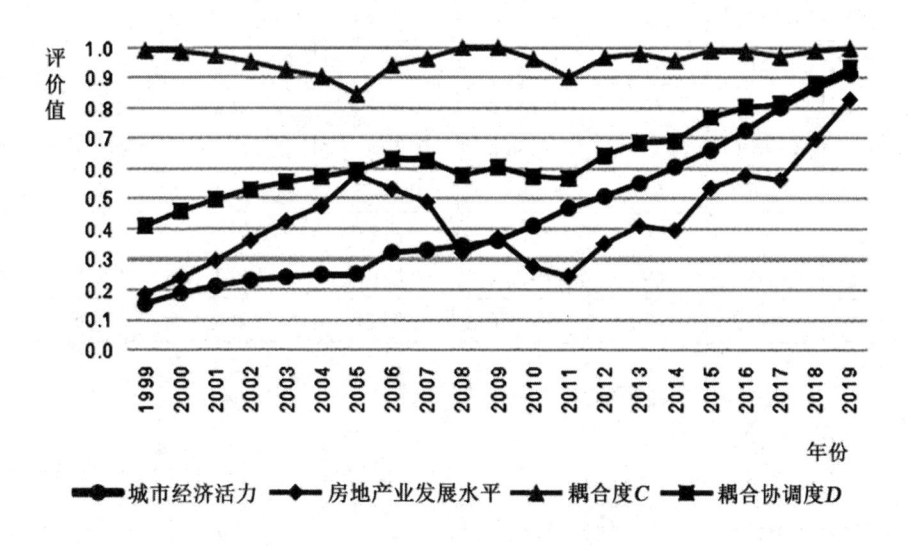

图 6-1 深圳市经济活力与房地产业耦合协调关系动态发展趋势

表 6-4　深圳市经济活力与房地产业分阶段耦合协调发展类型

年份	T(x)	R(Y)	C	D	耦合协调发展类型
1999	0.153 1	0.185 8	0.990 7	0.409 7	濒临失调城市经济活力滞后
2000	0.189 0	0.239 2	0.986 2	0.459 5	濒临失调城市经济活力滞后
2001	0.212 4	0.296 1	0.972 9	0.497 4	濒临失调城市经济活力滞后
2002	0.231 0	0.361 6	0.951 5	0.531 0	勉强协调城市经济活力滞后
2003	0.242 0	0.425 1	0.924 6	0.555 3	勉强协调城市经济活力滞后
2004	0.250 6	0.475 4	0.904 2	0.572 9	勉强协调城市经济活力滞后
2005	0.252 6	0.578 9	0.846 0	0.593 1	勉强协调城市经济活力滞后
2006	0.322 4	0.531 7	0.939 9	0.633 6	初级协调城市经济活力滞后
2007	0.331 3	0.488 7	0.963 1	0.628 4	初级协调城市经济活力滞后
2008	0.344 4	0.322 2	0.998 9	0.577 0	勉强协调房地产业发展滞后
2009	0.362 0	0.369 7	0.999 9	0.604 9	初级协调城市经济活力滞后
2010	0.411 1	0.275 9	0.961 2	0.574 6	勉强协调房地产业发展滞后
2011	0.469 3	0.245 0	0.901 4	0.567 4	勉强协调房地产业发展滞后
2012	0.508 2	0.351 9	0.967 0	0.644 8	初级协调房地产业发展滞后
2013	0.551 9	0.410 3	0.978 3	0.686 0	初级协调房地产业发展滞后
2014	0.606 4	0.395 8	0.955 8	0.692 1	初级协调房地产业发展滞后
2015	0.661 0	0.534 8	0.988 8	0.768 9	中级协调房地产业发展滞后
2016	0.726 7	0.577 6	0.986 9	0.802 3	良好协调房地产业发展滞后
2017	0.801 0	0.562 3	0.969 3	0.812 9	良好协调房地产业发展滞后
2018	0.865 1	0.696 9	0.988 4	0.878 6	良好协调房地产业发展滞后
2019	0.913 3	0.828 1	0.997 6	0.932 0	优质协调房地产业发展滞后

（二）房地产业发展水平综合评价

如图 6-1 和表 6-4 所示，深圳市房地产业综合发展水平在 1999—2019 年期间总体呈现出先平稳上升后曲折下降，随后又波动上升的态势。1999—2005 年期间，深圳市房地产业发展水平保持平稳增长的趋势，其综合指数从 1999 年的 0.185 8 升至 2005 年的 0.578 9。在 2006—2011 年期间，深圳房地产业发展水平除在 2009 年有小幅增长以外，其余时间呈现下降趋势。主要原因是这一阶段深圳市房地产投资过热，政府开始出台一系列房地产调控政策，其中包括 2005 年出台的"国八条"、2006 年出台的"国六条"和"90/70 政策"以及 2007 年出台的"9·27 房贷新政"，均在一定程度上抑制了房地产业的发展。此外，全球金融危机也对深圳房地产业的发展产生了不利影响。2009 年受国家"四万亿计划"财政刺激，深圳市房地产业发展水平也随之产生了小幅提升。但在 2010 年 9 月，深圳"限购令"出台，深圳房地产市场再次受到政策调控影响，导致 2011 年房地产业发展水平综合指数下降至 0.245 0，为 2001—2019 年最低点。2011 年以后，深圳市房地产业发展水平总体呈上升态势，但 2014 年及 2017 年出现了小幅下降。其中，2017 年深圳市房地产业发展水平综合指数的下降较为明显，主要原因是 2016 年深圳市政府相继出台了一系列限购限贷政策，对深圳市的房地产市场产生了较大影响。

（三）经济活力与房地产业耦合协调度分析

在深圳市经济活力与房地产业发展水平综合指数的基础上，笔者利用耦合协调度公式，计算得到深圳市 1999—2019 年经济活力与房地产业的耦合协调度，并基于此对各年度二者的耦合协调发展类型进行判断，如表 6-4 所示。

1999—2019 年深圳市经济活力与房地产业耦合度较强，耦合度始终保持在 0.8 以上的高位，根据耦合度的划分标准，一直处于高水平耦合阶段。从图 6-1 和表 6-4 可以看出，深圳市 1999—2019 年经济活力与房地产业耦合协调度总体呈现上升趋势，从 1999 年的 0.409 7 升至 2019 年的 0.932 0。1999—2005 年期间，深圳市经济活力与房地产业耦合协调度平稳上升，二者由濒临失调状态逐渐转变为勉强协调状态，经济活力与房地产业发展水平在这一阶段均呈上升趋势，但深圳市的经济活力明显滞后于房地产业的发展，房地产业的快速发展为城市经济活力的进一步提升产生了推动作用。2006—2011 年，深圳市经济活力与房地产业耦合协调度整体呈下降趋势，由 2006 年的 0.633 6 跌至 2011

年的 0.567 4，由初级协调状态逐步退回至勉强协调状态。其中，在 2008 年，深圳市经济活力首次超越房地产业发展水平。由此，深圳市经济活力与房地产的相对发展态势发生变化，由前期的经济活力相对滞后转变为后期的房地产业发展相对滞后。2012 年以后，深圳市经济活力与房地产业耦合协调度呈快速上升趋势，由 2012 年的 0.644 8 升至 2019 年的 0.932 0，由初级协调状态发展至优质协调状态。这一阶段，深圳市经济活力与房地产业发展水平均呈现上升趋势，但房地产业发展水平一直滞后于经济活力水平。总之，随着一系列国家级政策的落地实施，深圳市经济活力和房地产业综合发展水平均获得了较大程度的提升，二者耦合协调关系由濒临失调状态逐渐演化为优质协调状态。

笔者以深圳市 1999—2019 年数据为基础，构建了城市经济活力与房地产业发展水平评价指标体系，利用熵值赋权法计算指标权重，加权计算得到深圳市经济活力与房地产业发展水平综合指数。在此基础上通过耦合协调度模型，对深圳市经济活力与房地产业发展的耦合协调动态演化过程进行分析，得出以下结论：①深圳市经济活力与房地产业发展水平在不同阶段存在明显差异，而且这种差异随时间变化而变化；②深圳市经济活力与房地产业相辅相成，二者具有高水平耦合的关系；③在研究期内，深圳市经济活力与房地产业耦合协调度总体呈现上升趋势。

据此，笔者就深圳市经济活力与房地产业协调发展提出以下建议：①深圳市经济活力多年来呈现出良好的增长态势，目前已经达到了较高水平。现阶段，深圳应把握好粤港澳大湾区和中国特色社会主义先行示范区双重机遇，继续全面提升城市经济活力。②近年来，深圳市房地产业的发展水平滞后于经济活力。对此，政府应制定合理的调控政策，适当控制房地产投资，使房地产业在合理范围内适度繁荣，以适应城市经济活力的快速增长。③政府应处理好城市经济活力与房地产业的协同发展关系，推动深圳经济活力与房地产业的协调发展，以实现深圳经济的健康平稳增长。

第三节　房地产市场发展与区域经济增长
——以呼包鄂城市群为例

随着房地产市场的不断发展，房地产行业的平稳运行对区域经济增长能够起到推动与稳定作用。房地产行业存在区域异质性，不同区域的房地产市场发展面临的问题及其发展潜力存在不同。在同一地区房地产市场发展应与当地的经济发展水平相协调，实现经济发展与房地产市场发展的良性互动。这对提高人民的生活质量、完善市场运行机制、加快地区经济协调发展都具有重要意义。

呼包鄂城市群是"一带一路"倡议下中西部地区重要的城市群，拥有丰富的煤炭资源及巨大的发展潜力，其快速发展能够实现自身经济增长，带动内蒙古自治区整体经济发展，提高经济发展综合实力。房地产市场的快速发展为呼包鄂城市群经济发展作出了一定的贡献。呼包鄂城市群建设处于发展初期，其经济建设过程中存在着许多发展不协调的问题，而其房地产市场发展过程中同样存在与社会经济不相适应的问题。本节旨在通过对呼包鄂城市群房地产市场的发展与经济增长之间的协调关系进行梳理分析，为促进房地产市场与经济增长的良性互动提出建设性意见，从而加快呼包鄂城市群整体建设的一致性、稳定性、合理性。

一、相关研究

房地产价格的变化与区域经济之间存在着密不可分的关系。例如，有学者对天津市房地产价格与区域经济之间的关系进行了分析，结果表明房地产价格与人均地区生产总值存在密切关系，地区经济增长、理性的投资行为会促进房地产行业的健康发展。

珠三角地区是我国重要的区域发展增长极，其房地产市场发展与地区综合竞争力之间的相互作用受到人们的广泛关注。在上一节中，笔者利用珠三角地区指标构建房地产市场与综合竞争力之间的评价体系，借助耦合协调度模型分析了二者的关系。结果显示，二者之间存在着明显的正相关关系。随着城市群的不断深化改革，区域内部综合竞争力水平与房地产市场发展的协调程度不断提高。

房地产市场对区域经济发展具有重要的稳定作用，房地产经济市场波动和存在的问题会导致宏观经济的不稳定。房地产价格和价值的不匹配问题、房地产市场的泡沫化、贯彻节能环保不彻底等都会引起经济社会发展不稳定。这就需要通过房地产价格合理化、加强房地产行业的监管、实现房地产经济的转型等措施来规范房地产市场的发展，实现房地产市场发展与社会经济的良性互动。在房地产市场运行过程中存在需求效应、供给效应和挤出效应，房地产市场需求包括生产性需求、供给性需求与投资性需求，通过不同角度剖析房地产市场与社会经济运行之间的关系，能够实现二者的共同发展。房地产经济在国民经济发展中的作用主要体现在投资、消费、生产、增加就业、促进相关行业发展、提高社会消费水平等多方面，完善房地产市场建设对健全社会经济结构，促进国民经济增长都具有不可或缺的作用。

二、实证分析

（一）指标选择

本研究的数据主要来源于2008—2017年《内蒙古自治区统计年鉴》《呼和浩特市统计年鉴》《包头市统计年鉴》《鄂尔多斯市统计年鉴》以及各市的统计公报和《中国房地产统计年鉴》。"社会经济发展水平-房地产市场繁荣程度"系统中包含2个子系统，分别是社会经济发展水平与房地产市场繁荣程度。其中，社会经济发展水平包括 2 个指标，分别是经济增长和人民生活。房地产市场繁荣程度包括 5 个指标，分别是商品房竣工面积、商品房销售面积、房地产投资总额、商品房平均销售价格以及房地产投资额占固定资产投资额的比重，对子系统中各指标的权重进行计算赋值。

根据表 6-5，在社会经济发展水平子系统中各项指标对经济发展的贡献程度相对分配比较均匀。在房地产市场繁荣程度子系统中，在房地产供给方面，房地产投资总额和房地产投资额与固定资产投资额的比重对房地产市场的贡献度较大；在需求方面，商品房销售面积对房地产行业繁荣程度的贡献度较大。表 6-6 是对测定的 30 个样本各指标进行的描述性统计。

表 6-5 "社会经济发展水平-房地产市场繁荣程度"指标评价体系

一级指标	二级指标	三级指标	单位	指标性质
社会经济发展水平	经济增长	人均地区生产总值	元	正
		社会消费品零售总额	亿元	正
		进出口总额	亿元	正
		经济密度	万元/平方米	正
	人民生活	第三产业比重	%	正
		第二产业比重	%	正
		文教设施密度	所/百平方米	正
		人均绿地面积	平方米/人	正
		每千人拥有执业医师数	人	正
		城镇化率	%	正
		城镇人均可支配收入	元	正
房地产市场繁荣程度		房地产投资总额	亿元	正
		房地产投资额/固定资产投资额	%	正
		商品房竣工面积	万平方米	正
		商品房销售面积	万平方米	正
		商品房平均销售价格	元/平方米	正

表 6-6 描述性统计

指标		最小值	最大值	均值	标准偏差
社会经济发展水平	人均地区生产总值	49 606.000	226 693.000	124 868.800	48 667.261
	第三产业比重	0.292	0.686	0.492	0.113
	第二产业比重	0.201	0.653	0.418	0.130
	城镇化率	0.470	0.833	0.710	0.100
	社会消费品零售总额	269.775	1 570.952	867.983	379.016
	文教设施密度	3.721E-07	4.523 26E-06	1.819 02E-06	1.166 43E-06
	人均绿地面积	9.900	40.320	25.138	7.081
	进出口总额	26.680	890.900	215.222	243.564
	每千人拥有执业医师数	1.700	3.400	2.419	0.341
	经济密度	184.680	1 937.370	988.038	523.941
	城镇人均可支配收入	19 436.000	44 231.000	31 878.270	7 392.131
房地产市场繁荣程度	商品房平均销售价格	2 911.450	6 510.000	4 582.061	847.074
	房地产投资额/固定资产投资额	0.019	0.387	0.150	0.112
	房地产投资总额	58.828	581.683	241.426	151.274
	商品房销售面积	158.110	730.650	401.226	128.250
	商品房竣工面积	1 120.010	5 860.470	2 977.460	1 378.242

（二）计算过程

1.熵值法计算

社会经济发展水平子系统的效用函数利用 U_1 表示，房地产市场繁荣程度子系统的效用函数利用 U_2 表示。

所有指标均为正向指标，对其进行归一化处理：$X_{ij}=[X_{ij}-\min(X_j)]/[\max(X_{ij})-\min(X_j)]$。归一化处理后出现为 0 的指标项，对所有指标加 0.000 1，方便之后的处理与计算：

$$X_{ij} = \left[\frac{X_{ij} - \min(X_j)}{\max(X_{ij}) - \min X_j} \right] + 0.001$$

计算第 i 年的第 j 项指标所占比重：

$$Z_{ij} = X_{ij} / \sum_{i=1}^{m} X_{ij}$$

计算各项指标的信息熵：

$$U_i = -\frac{1}{\ln M} * Y_{ij} * \ln Y_{ij}$$

计算指标的差异系数：

$$Z_i = 1 - U_i$$

计算指标权重：

$$K_i = Z_i / \sum_{i=1}^{m} Z_i$$

最终计算指标的综合得分：

$$H = s * \sum_{i=1}^{n} X_{ij}$$

2.耦合协调度计算

耦合协调度模型是用来评定系统间或者系统内部协调发展程度等级的模型，经济学研究中借鉴此模型评价经济系统的协调发展程度，根据模型计算耦合度 C 值、协调指数 T 值、耦合协调度 D 值，最终根据划分标准与耦合协调等级来判断其协调程度。耦合协调度计算公式如下：

$$C = 2\left[\frac{U_1 * U_2}{(U_1 + U_2)^2} \right]^{1/2}$$

C 表示系统的耦合程度，该值越大表明社会经济发展水平与房地产市场繁荣程度的耦合效果越好，系统间的作用力越强；反之，则意味着两个系统之间的耦合效果越差，作用力越弱。协调度模型计算公式为：

$$D = \sqrt{C*T}$$

$$T = \sqrt{aU_1 * bU_2}$$

协调度模型中 D 表示耦合协调度，C 表示耦合度，T 表示社会经济发展水平与房地产市场发展水平的综合协调指数。a、b 分别表示待定系数。由于社会经济发展水平与房地产市场繁荣水平处于同等重要的地位，所以分别赋予两个子系统以50%的权重。因此，取 $a=b=0.5$。

表6-7 对"社会经济发展水平-房地产市场繁荣程度"系统耦合协调度等级划分标准进行了分类，如果社会经济发展水平子系统的效用函数大于房地产市场繁荣程度子系统的效用函数，意味着房地产市场发展处于滞后状态。社会经济发展水平子系统的效用函数小于房地产市场繁荣程度子系统的效用函数，意味着区域经济发展处于滞后状态。当两个子系统的效用函数相同时，则说明社会经济发展与房地产市场繁荣处于协调发展的状态。

表6-7 耦合协调度等级划分标准

耦合协调度 D 值区间	协调等级	耦合协调程度
（0.0~0.1）	1	极度失调
[0.1~0.2）	2	严重失调
[0.2~0.3）	3	中度失调
[0.3~0.4）	4	轻度失调
[0.4~0.5）	5	濒临失调
[0.5~0.6）	6	勉强协调
[0.6~0.7）	7	初级协调
[0.7~0.8）	8	中级协调
[0.8~0.9）	9	良好协调
[0.9~1.0）	10	优质协调

（三）结果分析

对呼包鄂城市群"社会经济发展水平-房地产市场繁荣程度"系统中的社会经济发展水平子系统与房地产市场繁荣程度子系统在2008—2017年的得分进行分析，然后计算系统的耦合协调性，最终通过分析得出相应的结论。

表6-8对呼和浩特市、包头市和鄂尔多斯市社会经济发展水平与房地产市场繁荣程度各指标的权重进行了计算。根据计算，国际贸易发展对三市的经济发展贡献度最高，呼和浩特市、包头市、鄂尔多斯市的进出口总额对经济发展的贡献程度分别为25%、22.5%、29.2%，这归功于"一带一路"倡议的提出。同时，呼包鄂经济发展水平与城市基础设施、医疗水平、教育水平都存在密切关系。只有实现城市的全面高水平发展才能促进城市群经济发展程度不断提高。从房地产市场繁荣程度各项指标对房地产市场的贡献程度来看，鄂尔多斯市房地产投资对房地产市场发展的贡献程度最高，其房地产投资总额对房地产市场的贡献程度为31.8%，房地产投资额占固定资产投资额的比例对房地产市场的贡献程度为30.3%。包头市房地产投资与房地产销售对房地产市场发展起到重要作用。商品房销售面积对房地产市场发展的贡献程度为26.1%，房地产投资总额和房地产投资额占固定资产投资额的比例对房地产市场的贡献程度分别为20.9%和24.6%。呼和浩特市的房地产销售和投资对房地产市场发展都存在重要影响。

表6-8 呼包鄂城市群社会经济与房地产系统权重

指标	呼和浩特市	包头市	鄂尔多斯市
人均地区生产总值	0.07	0.054	0.059
第三产业比重	0.01	0.091	0.041
城镇化率	0.11	0.045	0.047
社会消费品零售总额	0.03	0.073	0.081
城镇人均可支配收入	0.07	0.073	0.075
第二产业比重	0.10	0.051	0.054
经济密度	0.02	0.058	0.061

续表

指标	呼和浩特市	包头市	鄂尔多斯市
每千人拥有执业医师数	0.15	0.090	0.063
文教设施密度	0.01	0.151	0.120
进出口总额	0.25	0.225	0.292
人均绿地面积	0.10	0.032	0.052
商品房竣工面积	0.241	0.155	0.093
商品房销售面积	0.252	0.261	0.210
商品房平均销售价格	0.145	0.128	0.076
房地产投资总额	0.197	0.209	0.318
房地产投资额/固定资产投资额	0.166	0.246	0.303

表 6-9 描述了呼和浩特市、包头市、鄂尔多斯市的社会经济发展水平子系统与房地产市场繁荣程度子系统的得分情况，该得分由其效用函数处理并表述。呼和浩特市社会经济发展水平得分在 2008—2015 年大多低于房地产市场繁荣程度得分，整体发展处于社会经济发展市场滞后型阶段，在 2017 年房地产市场繁荣程度得分出现明显降低，而社会经济发展平稳增长。包头市社会经济发展水平在 10 年间整体呈上升趋势，在 2011 年房地产市场繁荣程度得分最高，为 0.823。2012 年开始，房地产市场繁荣程度得分明显下降并且波动幅度较小。鄂尔多斯市同样以 2011 年为节点，在 2011 年房地产市场繁荣程度得分最高为 0.958，在 2011 年之前鄂尔多斯市房地产市场繁荣程度得分明显高于社会经济发展水平得分，处于社会经济发展市场滞后型阶段，在 2011 年后鄂尔多斯市的房地产市场发展情况出现大幅度回落，社会经济发展水平保持稳步提升。

表 6-9 呼包鄂城市群社会经济发展系统与房地产繁荣程度系统得分

年份	呼和浩特 经济	呼和浩特 房地产	包头 经济	包头 房地产	鄂尔多斯 经济	鄂尔多斯 房地产
2008	0.129	0.035	0.105	0.291	0.125	0.433
2009	0.142	0.169	0.192	0.301	0.196	0.571
2010	0.164	0.387	0.229	0.636	0.201	0.760
2011	0.297	0.638	0.315	0.823	0.334	0.958
2012	0.353	0.686	0.345	0.217	0.454	0.391
2013	0.395	0.792	0.475	0.468	0.499	0.294
2014	0.469	0.698	0.481	0.400	0.509	0.205
2015	0.621	0.656	0.470	0.483	0.688	0.146
2016	0.750	0.702	0.839	0.438	0.892	0.126
2017	0.788	0.337	0.867	0.375	0.820	0.119

表 6-10 描述了呼和浩特市"社会经济发展水平-房地产市场繁荣程度"系统耦合协调度的计算结果。根据结果，呼和浩特市的"社会经济发展水平-房地产市场繁荣程度"系统耦合协调度在 10 年间实现了显著的提高。2008 年两个子系统的耦合度 C 值为 0.821，协调指数 T 值为 0.082，耦合协调度 D 值为 0.260，协调等级为 3 级，根据等级划分标准为中度失调状态。经过 10 年的协调优化在 2017 年两个子系统的耦合度 C 值为 0.916，协调指数 T 值为 0.563，耦合协调度 D 值为 0.718，协调等级为 8 级，为中级协调程度。

表 6-10 呼和浩特市耦合协调度计算结果

年份	耦合度 C 值	协调指数 T 值	耦合协调度 D 值	协调等级	耦合协调程度
2008	0.821	0.082	0.260	3	中度失调
2009	0.996	0.155	0.393	4	轻度失调
2010	0.914	0.275	0.502	6	勉强协调
2011	0.931	0.467	0.659	7	初级协调
2012	0.947	0.520	0.701	8	中级协调
2013	0.942	0.593	0.748	8	中级协调

续表

年份	耦合度 C 值	协调指数 T 值	耦合协调度 D 值	协调等级	耦合协调程度
2014	0.981	0.583	0.756	8	中级协调
2015	1.000	0.639	0.799	8	中级协调
2016	0.999	0.726	0.852	9	良好协调
2017	0.916	0.563	0.718	8	中级协调

表 6-11 描述了包头市"社会经济发展水平-房地产市场繁荣程度"系统耦合协调度的计算结果。计算结果显示,包头市的"社会经济发展水平-房地产市场繁荣程度"系统耦合协调度同样实现了显著的提高。2008 年系统间的耦合度 C 值为 0.882,协调指数 T 值为 0.198,耦合协调度 D 值为 0.418,协调等级为 5 级,为濒临失调状态。在 2017 年两个子系统的耦合度 C 值为 0.919,协调指数 T 值为 0.621,耦合协调度 D 值为 0.755,协调等级为 8 级,为中级协调程度。包头市房地产市场繁荣发展与社会经济发展水平基本实现协调发展,并且耦合协调程度不断提升。

表 6-11　包头市耦合协调度计算结果

年份	耦合度 C 值	协调指数 T 值	耦合协调度 D 值	协调等级	耦合协调程度
2008	0.882	0.198	0.418	5	濒临失调
2009	0.975	0.246	0.490	5	濒临失调
2010	0.882	0.432	0.618	7	初级协调
2011	0.895	0.569	0.714	8	中级协调
2012	0.974	0.281	0.523	6	勉强协调
2013	1.000	0.472	0.687	7	初级协调
2014	0.996	0.440	0.662	7	初级协调
2015	1.000	0.477	0.690	7	初级协调
2016	0.949	0.639	0.779	8	中级协调
2017	0.919	0.621	0.755	8	中级协调

表 6-12 描述了鄂尔多斯市系统间的耦合协调程度。计算结果表明，鄂尔多斯市的"社会经济发展水平-房地产市场繁荣程度"系统耦合协调度由 2008 年的濒临失调状态转变为 2017 年的勉强协调发展状态。其中，2008 年两个子系统的耦合度 C 值为 0.835，协调指数 T 值为 0.279，耦合协调度 D 值为 0.483，协调等级为 5 级。2017 年两个子系统的耦合度 C 值为 0.666，协调指数 T 值为 0.470，耦合协调度 D 值为 0.559，耦合协调等级为 6 级。虽然鄂尔多斯市的社会经济发展与房地产市场发展之间的耦合协调程度不断提高，但其协调依旧是低水平的协调，仍然存在耦合协调程度提升的空间，实现两者之间的优质协调发展。

表 6-12 鄂尔多斯耦合协调度计算结果

年份	耦合度 C 值	协调指数 T 值	耦合协调度 D 值	协调等级	耦合协调程度
2008	0.835	0.279	0.483	5	濒临失调
2009	0.873	0.383	0.578	6	勉强协调
2010	0.814	0.480	0.625	7	初级协调
2011	0.876	0.646	0.752	8	中级协调
2012	0.997	0.423	0.649	7	初级协调
2013	0.966	0.396	0.619	7	初级协调
2014	0.905	0.357	0.568	6	勉强协调
2015	0.761	0.417	0.563	6	勉强协调
2016	0.659	0.509	0.579	6	勉强协调
2017	0.666	0.470	0.559	6	勉强协调

利用熵值法和耦合协调度模型对呼包鄂城市群房地产市场与社会经济发展之间的关系进行分析。结果显示，在 2008—2017 年中，房地产市场发展和呼包鄂城市群经济发展之间的耦合协调度得到提高，三市的社会经济发展与房地产市场繁荣之间都由失调状态（或濒临失调状态）逐步调整，实现了协调发展。但三市的两个系统之间仍然存在耦合协调程度较低和协调发展的不均衡问

题。2017年，呼和浩特市、包头市、鄂尔多斯市的两个子系统的耦合协调程度分别为中级协调、中级协调和勉强协调。三市的房地产市场和社会经济水平发展之间存在协调差异性，并且三市的社会经济发展水平和房地产市场繁荣程度的耦合协调程度仍然存在提升的空间。

三、对策建议

从整体层面协调呼包鄂城市群房地产市场发展与社会经济发展，呼包鄂城市群房地产市场与社会经济发展协调性存在差异性。呼和浩特市和包头市系统的耦合协调程度为中级协调，耦合协调程度明显高于鄂尔多斯市的发展协调性。因此，需要从宏观层面实现整体把控，在促进呼包鄂城市群协调整体耦合协调程度不断提高的同时，实现各市房地产市场与社会经济发展之间耦合协调程度的一致性，保证呼包鄂城市群整体高质量发展。

呼包鄂城市群房地产投资对房地产市场繁荣程度都有较高的贡献程度。房地产市场过高的投资会导致市场经济泡沫化问题，造成宏观经济发展的不稳定。因此，政府应加强对房地产市场投资的管控，实现房地产市场在合理区间的平稳运行，稳定宏观经济发展。同时，对呼包鄂城市群研究发现三市商品房竣工面积远高于销售面积，造成房屋的空置率较高，资源过度浪费。因此，政府应该加强对房地产开发企业资质的审核，对房地产开发商指定市场准入原则，提高其审核标准，降低房屋开发过多造成的资源浪费。

地区经济发展不仅仅依靠经济指标的增长，人民生活水平的提高同样会促进其发展。通过对呼包鄂的医疗体系发展、教育资源分配等多方面因素进行考察发现其发展水平仍然处于较低水平，虽然教育投入、基础医疗等对地区经济增长的贡献程度较低，但是加强经济建设的着力点要倾向于使人民对美好生活的向往得以满足。因此，需要强化呼包鄂城市群的教育投入力度，保证教育资源的均等化，实现地区的共同发展；深化医疗体系改革，实现区域内互联互通，解决异地就医、大病医疗保险等基础性民生问题。此外，良好的环境会提高居民的幸福感，保证居民的身心健康。改善城市公共卫生环境，加快基础设施的完善对提高地区经济发展质量和居民福利水平都有重要意义。

参 考 文 献

[1] 陈红伟，程广华.基于STATA的山西省城市经济发展实力分析[J].中国商论，2023（11）：162-168.

[2] 陈文，吴赢.数字经济发展、数字鸿沟与城乡居民收入差距[J].南方经济，2021（11）：1-17.

[3] 陈云.无锡市数字经济发展现状与对策研究：基于城市数字经济指数比较分析[J].产业创新研究，2023（11）：37-39.

[4] 邓翔，李凤鸣，李德山.煤炭资源税改革与城市经济发展：效应与机制[J].社会科学研究，2023（4）：52-64.

[5] 丁黎黎，杨颖，郑慧，等.中国省际绿色技术进步偏向异质性及影响因素研究：基于一种新的Malmquist-Luenberger多维分解指数[J].中国人口·资源与环境，2020，30（09）：84-92.

[6] 高国珍，胡金淼，常裕琦.自由贸易试验区促进了城市数字经济发展吗？——来自准自然实验的证据[J].云南财经大学学报，2023，39（7）：28-41.

[7] 缑倩倩，郭晓玲.全域旅游背景下资源型城市的乡村旅游发展路径探索：以临汾市为例[J].首都师范大学学报（自然科学版），2023，44（3）：69-75.

[8] 郭志强.三线城市探路创新发展动能 赣州生物医药产业破圈[J].中国经济周刊，2023（12）：20-23.

[9] 韩璐，陈松，梁玲玲.数字经济、创新环境与城市创新能力[J].2021，42（04）：35-45.

[10] 韩强，曹洪军，宿洁.我国工业领域环境保护投资效率实证研究[J].经济

管理，2009，31（05）：154-160.

[11] 何月，徐丽丽，杨春全."一带一路"沿线城市区域经济与交通优势度耦合协调度分析[J].测绘与空间地理信息，2021，44（S1）：117-121.

[12] 黄群慧，余泳泽，张松林.互联网发展与制造业生产率提升：内在机制与中国经验[J].中国工业经济，2019（08）：5-23.

[13] 洪爽.数字经济背景下兴城市文旅产业发展模式[J].中国集体经济，2023（21）：48-51.

[14] 侯杰，李卫东，张杰斐，等.城市数字经济发展水平的分布动态、地区差异与收敛性研究[J].统计与决策，2023，39（13）：10-15.

[15] 李烨.科技企业孵化培育与城市经济发展[J].产业创新研究，2023（12）：12-14.

[16] 李子豪，毛军.地方政府税收竞争、产业结构调整与中国区域绿色发展[J].财贸经济，2018（12）：142-157.

[17] 刘金萍，刘晶晶，任兰心，等.旅游业与城市人居环境协调发展及影响因素研究：基于省会城市的面板数据[J].国土与自然资源研究，2023（4）：86-91.

[18] 刘自敏，黄敏，申颢.中国碳交易试点政策与绿色技术进步偏向：基于城市层面数据的考察[J].产业经济评论，2022（01）：201-219.

[19] 罗能生，李佳佳，罗富政.城镇化与生态环境耦合关系研究：以长株潭城市群为例[J].湖湘论坛，2014，27（01）：47-52.

[20] 秦炳涛，俞勇伟，葛力铭，等.智慧降碳：数字经济发展对城市碳排放影响的效应与机制[J].广东财经大学学报，2023，38（3）：4-23.

[21] 冉文学，何丹丹.基于灰色关联度分析模型的上海市港口物流与城市经济发展关系研究[J].物流科技，2023，46（15）：98-102，106.

[22] 任立，朱泽钰.基于马克思主义经济学分析产业发展规律与城市发展水平的关系[J].昌吉学院学报，2023（3）：40-45.

[23] 沈亚芳，应瑞瑶.对外贸易、环境污染与政策调整[J].国际贸易问题，2005

（01）：59-63.

[24] 隋术波.城市综合开发项目产业发展服务研究[J].产业创新研究，2023（11）：89-91.

[25] 汤向俊，丁仪慧.对外贸易、经济增长与近海污染[J].海洋开发与管理，2023，40（6）：36-43.

[26] 王佳钰，段海燕.传统工业城市行业碳达峰模式与发展路径研究：基于七大产业链108家企业的案例分析[J].工业技术经济，2023，42（7）：153-160.

[27] 王军，田婧，孔丽娟.邹城市食用菌产业链的发展对策研究[J].中国果菜，2023，43（6）：81-84.

[28] 王亚飞，石铭，张毅.自贸区设立促进了城市经济高质量发展吗：基于中国268个城市的准自然实验[J].当代经济研究，2023（6）：102-118.

[29] 王玉聪.数字经济发展能否提升城市经济韧性[J].合作经济与科技，2023（16）：34-36.

[30] 王玥瑶，梁泽，杨超，等.中国跨区域就医的空间格局与影响因素分析：以慢性肾脏病为例[J].地理研究，2023，42（7）：1828-1841.

[31] 伍百军，周启良.高铁开通对旅游产业发展影响实证研究：来自广东省21个地级城市的经验证据[J].山西经济管理干部学院学报，2023，31（2）：30-35.

[32] 肖庆玲，陈瑶.新时代产业经济与城市发展的共融路径[J].产业创新研究，2023（12）：30-32.

[33] 谢振华.郑州文化创意产业提升发展研究：以国家中心城市建设为背景[J].河南牧业经济学院学报，2023，36（3）：48-51.

[34] 徐成龙，任建兰，程钰.山东省环境规制效率时空格局演变及影响因素[J].经济地理，2014，34（12）：35-40.

[35] 许正松，孔凡斌.经济发展水平、产业结构与环境污染：基于江西省的实证分析[J].当代财经，2014（08）：15-20.

[36] 杨文武.港口与城市经济发展的关系分析[J].现代商贸工业,2023,44(14):89-90.

[37] 杨振兵,邵帅,杨莉莉.中国绿色工业变革的最优路径选择:基于技术进步要素偏向视角的经验考察[J].经济学动态,2016(01):76-89.

[38] 叶琴,曾刚,戴劭勖,等.不同环境规制工具对中国节能减排技术创新的影响:基于285个地级市面板数据[J].中国人口·资源与环境,2018,28(02):115-122.

[39] 于浩.太忻一体化经济区发展现状及路径研究[J].山西经济管理干部学院学报,2023,31(2):26-29,42.

[40] 袁淳,肖士盛,耿春晓,等.数字化转型与企业分工:专业化还是纵向一体化[J].中国工业经济,2021(09):137-155.

[41] 袁晓玲,张宝山,杨万平.基于环境污染的中国全要素能源效率研究[J].中国工业经济,2009(02):76-86.

[42] 曾鹏,段至诚,魏旭.城市群省际边界经济发展格局的时空演化研究[J].人文地理,2023,38(3):118-127.

[43] 张菁.城市活力视角下的经济增长与区域竞争力分析:以四川省宜宾市为例[J].福州党校学报,2023(3):71-78.

[44] 张军,吴桂英,张吉鹏.中国省际物质资本存量估算:1952—2000[J].经济研究,2004(10):35-44.

[45] 张明斗,闫昱睿.低碳战略能否增强城市经济发展与生态环境的协调性:基于低碳城市试点的准自然实验[J].广东财经大学学报,2023,38(3):24-37.

[46] 张巍,杨丞娟."宜荆荆恩"城市群产业协同发展研究[J].长江技术经济,2023,7(3):46-52,62.

[47] 张兴宇.基于空间视角探讨房地产投资对城市经济增长的影响[J].科技经济市场,2022(12):48-50.

[48] 赵涛,张智,梁上坤.数字经济、创业活跃度与高质量发展:来自中国城

市的经验证据[J]. 管理世界，2020，36（10）：65-76.

[49] 郑芒芒，陈元欣，方雪默，等. 城市发展电竞产业的逻辑动因、实然困境与实现路径[J]. 中国体育科技，2023，59（6）：88-97.

[50] 朱金鹤，庞婉玉. 数字经济发展是否有助于提升城市包容性绿色增长水平：来自"国家智慧城市"试点的证据[J]. 贵州财经大学学报，2023（4）：12-22.

[51] 朱爽，李晶，殷守强，等. 辽宁省资源型城市发展现状、问题与转型策略研究[J]. 中国矿业，2023，32（6）：47-57.

[52] 朱奕帆，丁慧. 智慧城市建设对绿色经济发展的影响研究：基于长三角城市群面板数据的实证分析[J]. 生态经济，2023，39（7）：93-98，164.